MATTHEW TELL BOUT JESUS

Hawaii Pidgin Style

Published for
Wycliffe Bible Translators, Inc.
by

AMERICAN BIBLE SOCIETY
NEW YORK

Matthew Tell Bout Jesus
Hawaii Pidgin Style

This is a Portion of Holy Scripture in *Hawaii Pidgin Style*. The American Bible Society is a not-for-profit organization which publishes the Scriptures without doctrinal note or comment. Since 1816, its single mission has been to make the Word of God easily available to people everywhere at the lowest possible cost and in the languages they understand best. Working toward this goal, the ABS is a member of the United Bible Societies, a world-wide effort that extends to more than 180 countries and territories. You are urged to read the Bible and to share it with others. For a catalog of Scripture publications, write to the American Bible Society, 1865 Broadway, New York, N.Y. 10023.

Printed in the United States of America
Hawaii Pidgin 560-105842
ABS-6/97-5,000—V1

Matthew Tell Bout Jesus

Wat Dis Book Say

Had four guys – Matthew, Mark, Luke, an John – dat wen write down da tings Jesus wen do. Each guy go show someting diffren bout Jesus.

Matthew was Jesus friend. He talk plenny bout how Jesus da Spesho Guy God Wen Send, da One dat da Jewish peopo was waiting fo from befo time. An he tell peopo dat Jesus da One dat goin make all da good tings happen dat God wen tell his peopo befo time dat he goin do fo dem bumbye. He tell dat Jesus da One dat take us guys outa da bad kine stuff we doing.

Matthew's book start wit Jesus ancestor-guys an wat wen happen wen Jesus wen born. Den no say notting till Jesus bout thirty year old. (Dass wen John da Baptiza guy wen start fo talk fo God, Chapta 1:1 to 3:12). John wen baptize Jesus. Den da Devil wen try presha Jesus fo make um do bad kine stuff, but Jesus neva (Chapta 3:13 to 4:11). Matthew tell how from dat time, Jesus talk to da peopo Galilee side, an teach um stuff, an make da sick guys ova dea come good (Chapta 4:12 to 18:35).

Da last part, Matthew tell wat wen happen wen Jesus wen go da main town, Jerusalem, da last time (Chapta 19 an 20). Dat one week, plenny wen happen! Den, dey wen kill Jesus on top one cross. But you know wat? Jesus, he wen come back alive afta he wen mahke! Plenny peopo wen see um lidat. Get one las ting, Jesus tell his guys dey suppose to go all ova da world an teach all da differen peopos, so dat da peopos can learn bout him an come his peopo too (Chapta 21 to 28).

To Our English Speaking Readers

This translation of Matthew's Gospel was done by a team of dedicated local people in the Islands. They worked from the original Greek and also referred to English translations and commentaries. It is intended for those speakers of Hawaii Pidgin (also known as Hawaii Creole English) who find the English Bible difficult to understand. That is why this translation uses a heavier Pidgin than what is normal for some speakers. It should also be noted that Pidgin differs in different parts of the Island chain, as much as English differs in different parts of the mainland. The Pidgin used in this translation, though heavy, leans toward a generalized form that is understood in most of the areas where many people speak the language.

There as a glossary of concepts in the back that has two purposes. First, it explains cultural concepts from Jesus' time that may not be familiar to readers today. Second, for readers whose experience with the Bible up to now has been only English, it gives the Pidgin expressions (usually more than a single word) that are in use for some of the more basic concepts in Matthew.

At the beginning of many sections there are references to other parts of the Bible that readers may want to look up for further background on the words that follow. Some of the references are to parallel parts of the other three biographies of Jesus. Others point to Old Testament passages.

MATTHEW TELL BOUT JESUS

Jesus Ancestor Guys

(Luke 3:23-38)

1 [1]Dis book tell bout Jesus an his ancestor guys. He da Christ,
da Spesho Guy God wen send. He from King David ohana,
an David, he from Abraham ohana.

[2]Dis Jesus ohana. Get fourteen faddas from Abraham to
David: Abraham, he Isaac fadda. Isaac, he Jacob fadda. Jacob, he
Judah fadda, an all Judah bruddas, he dea fadda too. [3]Judah, he
Perez an Zerah fadda, an Tamar, she dea mudda. Perez, he Hezron
fadda. Hezron, he Ram fadda. [4]Ram, he Aminadab fadda. Ami-
nadab, he Nashon fadda. Nashon, he Salmon fadda. [5]Salmon, he
Boaz fadda, an Rahab, she Boaz mudda. Boaz, he Obed fadda,
an Ruth, she Obed mudda. Obed, he Jesse fadda. [6]Jesse, he King
David fadda.

Den had fourteen faddas from David till da captcha Baby-
lon side: David, he Solomon fadda. An Solomon mudda, befo dat
she Uriah wife. [7]Solomon, he Rehoboam fadda. Rehoboam, he
Abijah fadda. Abijah, he Asa fadda. [8]Asa, he Jehoshaphat fadda.
Jehoshaphat, he Joram fadda. Joram, he Uzziah fadda. [9]Uzziah, he
Jotham fadda. Jotham, he Ahaz fadda. Ahaz, he Hezekiah fadda.
[10]Hezekiah, he Manasseh fadda. Manasseh, he Amos fadda. Amos,
he Josiah fadda. [11]Josiah, he Jekoniah fadda, an Jekoniah bruddas
too. Was dat time wen da armies wen captcha all da Jewish peopo,
an take um away Babylon side.

[12]Afta dey take um away Babylon side, had fourteen
faddas: Jekoniah, he Shealtiel fadda. Shealtiel, he Zerubbabel
fadda. [13]Zerubbabel, he Abiud fadda. Abiud, he Eliakim fadda.

Eliakim, he Azor fadda. 14Azor, he Zadok fadda. Zadok, he
Achim fadda. Achim, he Eliud fadda. 15 Eliud, he Eleazar fadda.
Eleazar, he Mathan fadda. Mathan, he Jacob fadda. 16Jacob, he
Joseph fadda. Joseph, he Mary husban. Mary wen born Jesus, da
one dey call da Christ guy, da Spesho Guy God wen send.

17So, all da faddas from Abraham till King David, dey
fourteen faddas, one afta da odda, an from King David till da
captcha wen dey take um away Babylon side, dey fourteen faddas,
an from wen dey take um away Babylon side till Jesus, da Christ
guy, dey fourteen faddas.

Jesus Wen Born

(Luke 2:1-7; Isaiah 7:14; 8:8)

18Now befo Mary born Jesus, da Christ guy, da Spesho
Guy God wen send, dis wen happen. Mary, she engage fo marry
Joseph. But befo dey wen marry, dis wat wen happen: God's
Good an Spesho Spirit wen make her get hapai. 19Joseph, da guy
dat goin come her husban, he one guy dat do da right ting
everytime, an he no like make her shame to da peopo. So he tink,
"I not goin marry her, but I no goin tell nobody."

20But wen he stay tinking lidat, all of a sudden, one angel
messenja guy from da Good Boss Above come by him, wen he
stay dreaming. Da angel guy say, "Joseph! You from King David
ohana. No scared take Mary fo come yoa wife, cuz she hapai from
God's Spirit dat stay good an spesho. 21She goin born one boy,
an you goin name him Jesus, cuz he goin take his peopo outa da
kine bad stuff dey do." 22All dis happen jalike Isaiah wen say, da
guy who talk fo God long time ago,

23"Listen! One young wahine
Who neva sleep wit nobody,
Goin get hapai.
She goin born one boy.
Dey goin name him Emmanuel."

("Emmanuel" mean, "God stay hea now wit us guys.") 24Joseph
wake up an he do wat da angel guy from da Boss Above wen tell
him. He take Mary home, fo come his wife. 25But he neva sleep
wit her befo she born her boy. An he name him Jesus.

Da Smart Guys Who Know Plenny About Da Stars

(Micah 5:2)

2 1Jesus, he born Betlehem town, Judea side. Herod, he da
king dat time. An you know wat? Had dese smart guys who
know plenny about da stars, wen come Jerusalem town from one
far place, from da east side. Dey saying, 2"Wea da boy dat born,
da King fo da Jews? Ova dea da east side, we wen spock one star
dat show dat he born awready, an we come hea fo go down in
front him an show him plenny respeck." 3King Herod hear dat,
an he all shook up an scared. All da peopo inside Jerusalem, dey
all shook up an scared too.

4Den Herod wen tell fo come by him all da main priest
guys an all da teacha guys who teach God's Rules to da peopo.
He say, "Try tell me wea God's Spesho Guy goin born." 5Dey
tell um, "He goin born Betlehem, Judea side. Cuz da guy Micah
wen say (he one guy dat talk fo God long time ago),

> 6'Eh! You Betlehem guys, ova dea Judah side!
> All da leadas inside Judah
> Tink Betlehem importan.
> Cuz from dea goin come one leada.
> He goin take care God's peopo,
> Da Israel guys.'"

7Den Herod tell da guys who know plenny about da stars
fo come by him. Dey wen come, but dey neva tell nobody. He
find out from dem wat time da star wen show up inside da sky.
8Den he send um Betlehem. He say, "Go! Look all ova da place
till you find da boy. Den come back ova hea an tell me. Cuz I like
go dea, fo go down in front him an show him respeck too."

9Afta dey hear wat da king say, dey go. An you know
wat? Dat same star, da one dey wen see befo, wen dey wen
stay east side, dat star go in front dem, an stop right ova da
place wea da boy stay. 10Dey wen spock da star, an eh! dey
wen feel real good inside. 11Dey go inside da house. Dey see
da boy an his mudda, Mary. Dey go down in front him an
show him respeck. Den dey take out dea rich stuffs, an give um
to Jesus. Dey give um gold, incense, an spesho kine perfume.

12Afta dat dey get one dream from God. He tell um, "You

guys betta not go back by King Herod." So dey go home one
diffren way.

Dey Run Away Egypt Side
(Hosea 11:1)

13Afta da guys who know plenny about da stars wen go
home, you know wat? Had one angel guy from da Boss Above
come by Joseph, wen he stay dreaming. Da angel guy tell him,
"Eh Joseph! Wake up! Take yoa boy an his mudda, an go run
Egypt side. Stay ova dea till I tell you fo come back. King Herod,
he goin look fo da boy fo kill him, dass why." 14So Joseph get up,
an take his boy an Mary, an dey wen run Egypt side, dat nite.
15Dey stay dea till Herod wen mahke. Wen all dis happen,
was jalike Hosea wen say, da guy dat talk fo God long time ago,
"I wen tell my boy fo come outa Egypt."

Herod Kill da Kids
(Jeremiah 31:15)

16King Herod, he wen find out eh, dat da guys dat know
plenny about da stars wen fool him, an he wen come so wild, he
wen go send his army guys an tell um, "Go kill all da small boys
inside Betlehem an all da odda place ova dea." Den dey wen kill
all da boys two years old an mo younga, cuz Herod wen figga da
time from wat da guys who know plenny about da stars wen tell
him about wen da star wen show up firs time.
17Dis happen jalike Jeremiah wen say, da guy dat talk fo
God long time ago,

18"Dey hear one voice from inside Ramah,
Rachel, she stay crying real hard,
She real sore inside,
Crying fo her kids,
She no like nobody come by her,
Cuz da kids mahke awready."

Dey Come Back From Egypt Side

19 Later, King Herod wen mahke. One angel messenja guy
from da Boss Above come by Joseph wen he stay dreaming,
Egypt side. Da angel guy tell him, 20 "Eh Joseph! Wake up! Take
yoa boy an his mudda, an go Israel side. Da guys dat like kill da
boy, stay mahke awready."

21 So den Joseph wen get up, fo take Jesus an Mary. Dey
wen go back Israel side. 22 But he hear dat Archelaus wen come
king Judea side afta his fadda Herod wen mahke. Joseph scared
fo go ova dea. God tell him inside one dream, "You betta not go
ova dea." So he go Galilee side, 23 an make house Nazaret town.
Dis happen jalike da guys who talk fo God long time ago wen
say, "Dey goin call him 'da Nazaret guy'."

John da Baptiza Guy Teach da Peopo

(Mark 1:1-8; Luke 3:1-18; John 1:19-28; Isaiah 40:3)

3 1 Afta Jesus wen grow up, John da Baptiza guy show up
inside da boonies Judea side, fo teach da peopo. 2 He say,
"You guys gotta like pau all da kine bad stuff you stay doing
now, an no do um no moa, cuz God in da sky stay king hea
now." 3 Befo time, da guy who talk fo God, Isaiah, was talking
about John wen he say dis:

"He goin talk real loud inside da boonies,
'Eh! Make da road ready fo da Good Boss Above!
Make um strait fo him!'"

4 An you know, John, his clothes eh, come from da camel
hair. He wen make one rope outa leather fo belt. He eat grasshop-
per, an he get honey from da bees. 5 Had choke peopo, dey going
by him ova dea, from Jerusalem, an from Judea, an from all ova
from da Jordan River side. 6 Dey telling strait out all da kine bad
stuff dey wen do, an he baptizing dem in da Jordan River.

7 Plenny Pharisee guys an Sadducee guys come so he can
baptize dem too. He see um, an say, "Eh you guys! You guys

jalike one snake ohana! God no goin take all da kine bad stuff
you do. He goin punish you guys fo dat. No way you guys can
get away! 8Jalike one fruit tree give same kine fruit, you guys
gotta do da kine good stuff dat show you like pau all da kine bad
stuff you doing, an no do um no moa. 9 Eh! No tink an tell yoaself,
'Us guys all right, cuz Abraham our main fadda.' I telling you
guys now, God can take dese rocks ova hea an make kids fo
Abraham outa dem. 10Awready get one guy wit one ax, all ready
fo cut da tree roots. All da trees dat no make good fruit, he goin
cut um, an throw um inside da fire.

11"All you guys, I goin baptize you guys wit water. Dat
goin show dat you guys like pau all da kine bad stuff you doing.
But afta me, goin come one nodda guy. He get mo power den me.
An you know wat? I not even spesho enuff fo carry his slippas.
He goin baptize you guys wit God's Good an Spesho Spirit, an
wit fire! 12Jalike he goin put all da wheat grain inside da basket
an let da wind blow all da no good parts from da grain, an den he
goin put dat wheat inside da barn. Afta dat, he goin burn all da
no good parts inside da fire dat neva eva goin go out."

John Baptize Jesus

(Mark 1:9-11; Luke 3:21-22)

13Dat time, Jesus come from Galilee side to da Jordan River
wea John stay, so John can baptize him. 14But John wen tell Jesus,
"How come you come by me? Eh, me, I no can baptize you. Eh
mo betta you baptize me! I need dat."

15But Jesus say, "No need worry. Dis okay fo now, fo show
we like do everyting da right way."

So John say, "Okay, we go den." An he baptize Jesus.
16Right afta John baptize him, Jesus come out from da water, an
you know wat? Da sky wen rip open. Jesus spock God's Spirit
coming down on top him. Look jalike one dove. 17An wow! Had
one voice from da sky wen say, "Dis my boy. I really get love
an aloha fo him, an I stay good inside cuz a him!"

Da Devil Try Make Jesus Do Bad Kine Stuffs

(Mark 1:12-13; Luke 4:1-13; Deuteronomy 6:13; 8:3; Psalm 91:11-12)

4 1 Afta dat, God's Spirit take Jesus to da boonies, so da main
Devil can try presha him fo make um do bad kine stuff.
2 Forty day, forty nites, Jesus pray an he neva like eat notting. Afta
dat time he stay real hungry. 3 So da Devil wen go by him an tell
him, "So, wat? You God's Boy fo real kine? Den tell dese rocks
hea fo come food."

4 But Jesus say, "Da Bible say,
'No mo nobody dat can live ony on food,
Gotta listen to everyting God say,
Fo live fo real kine.'"

5 Den da Devil take him to Jerusalem, God spesho town,
an make him go up da big tower on top da temple. 6 Da Devil say,
"So, wat? You God's Boy fo real kine? Kay den, go jump down
dea, cuz da Bible say,
'God goin tell his angel messenja
guys fo take care you.
Da Bible say dis too:
Dey goin bring you down wit dea hands,
So yoa foot no hit da rocks.'"

7 But Jesus tell him, "Da Bible say: 'God, he yoa Boss. So
no try presha him fo make um show proof dat he God.'"

8 Den da Devil take him up on top one big mountain, an
show him all da diffren places all ova da world, an how awesome
dey stay. 9 Da Devil tell um, "I give you all dis, if you go down
an give me plenny respeck."

10 Jesus tell him, "Beat it, Devil! Da Bible say,
'Gotta go down on yoa knees
An give plenny respeck to God yoa Boss,
An live an work ony fo him.'"

11 Den da Devil go way from Jesus, an you know wat?
Angel guys from da Boss Above come an kokua Jesus.

Jesus Start fo Teach Galilee Side

(Mark 1:14-15; Luke 4:14-15; Isaiah 9:1-2)

12 Dat time, Herod guys wen throw John da Baptiza guy in
jail. Jesus wen hear dat, an he go Galilee side. 13 He go Nazaret
town, an den go from dea, an make house inside Capernaum. Dass
one town by da lake side, ova dea Zebulun an Naphtali side. 14 Dis
wen happen jalike da guy Isaiah wen say, who talk fo God long
time ago.

15 "Zebulun side, Naphtali side,
On top da road to da lake, da odda
side Jordan River,
Galilee side wea get peopo dat not Jews,
16 Da peopo ova dea dat stay inside da dark,
Dey see one big light now.
An all da guys dat stay
In da dark place wea peopo goin die,
Da light come fo dem."

17 Dass wen Jesus start fo teach da peopo. He say, "You
guys gotta come sorry fo all da kine bad stuff you doing, an no
do um no moa, cuz God in da sky stay King hea now."

Jesus Tell Four Fisha Guys Fo Come Wit Him

(Mark 1:16-20; Luke 5:1-11)

18 One time Jesus walking by Galilee Lake, an he spock two
bruddas, Simon, da guy dey call Peter, an Andrew, his brudda.
Dey stay throwing net inside da water, cuz dey fisha guys. 19 He
tell um, "Eh, you guys! Go wit me! Da way you guys bring in da
fish, I goin teach you guys how fo bring in peopo too!" 20 Right
den an dea, dey jus wen leave da nets, an go wit him.

21 Going from dea, he spock two odda bruddas, James an
his brudda John. Zebedee dea fadda. Dey inside da boat wit dea
fadda, fixing da nets. Jesus tell um fo come. 22 Dey go way from
da boat an dea fadda, an go wit him right den an dea.

Jesus Teach An Make Peopo Come Good
(Matthew 9:35; Luke 6:17-18)

23 Den Jesus wen go all ova Galilee, teaching inside da
Jewish churches. He telling da peopo all da Good Kine Stuff
about God da king, an he making all da sick peopo come good
from all kine sick. 24 Everybody hear bout him, from dea all ova
Syria. Dey bring all da peopo wit all kine sick by him. everybody
dat hurt, an suffa plenny, da peopo dat get bad spirits inside dem,
peopo dat shake an roll all ova, an peopo dat no can move. An
Jesus make um all come good. 25 Plenny peopo wen go wit him
from Galilee side, from all da Ten Towns, from Jerusalem, from
Judea, an from da odda side Jordan River.

Jesus Teach On Top Da Mountain Side

5 1 Jesus see choke peopo, an he go up da mountain litto bit.
He sit down dea fo teach, an da guys he wen pick fo teach
come by him fo listen.

Da Guys Dat Stay Good Inside
(Luke 6:20-23)

2 He wen start fo teach um. He tell um.
3 "Da guys dat know dey need God
inside dea heart,
dey can stay good inside
cuz God in da sky, he dea king.
4 "Da guys dat cry inside dea heart,
dey can stay good inside
cuz God goin kokua dem.
5 "Da guys dat no need put demself
firs everytime,
dey can stay good inside
cuz God goin give um da whole world.

6 "Da guys dat everytime really like
do da right ting,
dey can stay good inside
cuz God goin help um do um.
7 "Da guys dat pity da odda guys, an
give um chance,
dey can stay good inside
cuz God goin pity dem an give um
chance too.
8 Da guys dat hundred percent fo God
inside,
dey can stay good inside
cuz dey goin see God.
9 "Da guys dat help da odda guys come
friends again,
dey can stay good inside
cuz God goin say, 'Dey my kids'.
10 "Da guys dat do right, an suffa fo dat,
dey can stay good inside
cuz God in da sky, he dea king.

11 "You guys can stay good inside wen dey talk bad to you
guys, an make you guys suffa, an dey talk any kine about you
guys cuz you guys mines, but dey bulai. 12Dance an sing, cuz God
goin give you guys plenny in da sky. Eh, jalike befo time, da guys
God wen send fo talk fo him long time ago, had peopo dat wen
make dem suffa too.

Salt An Light

(Mark 9:50; Luke 14:34-35)

13"You guys know how da food need salt fo stay good.
Same ting, da peopo all ova da world need you guys. But if da
salt no mo flavor, how you goin make um work like salt again?
Dat kine salt no good. Ony ting can do, throw da salt outside
wea da peopo walk.

14"You guys jalike da light dat help da peopo all ova da
world fo see. You no can hide one town on top one hill. 15Same
ting, you no light one lamp an den cova um up. You put um up

on top one stand, yeah? Den everybody inside da house can see.
16So, you guys jalike da light. Let everybody see da good kine
stuff you guys doing. Den dey goin say dat yoa Fadda, God, dat
stay in da sky, eh! he awesome!

Jesus Teach About God's Rules

17"No tink I hea fo get rid a God's Rules an da stuff da
guys who talk fo God wen say. I neva come fo make God's
Rules no moa. I come fo make everyting dey wen talk bout
come true. 18Dass right! An I tell you guys dis too. Da sky an
da world no goin pau befo everyting dat God's Rules say come
true. Nobody no can take notting from God's Rules, not even
one dot o one small line. 19Whoeva no do jus one small kine
Rule from God, cuz he tink, 'Dat Rule notting', an he teach da
odda guys fo say dat Rule notting too, da King from da sky
goin make him jalike he notting. But whoeva do wat all God's
Rules say, an teach da odda guys fo do um too, da King from
da sky goin make him importan. 20I telling you guys, if you no
do da right tings, mo den da teacha guys dat teach God's Rules
an da Pharisee guys, God no goin come yoa king.

Da Guy Dat Huhu Wit His Brudda

(Exodus 20:13)

21"You guys wen hear wat God wen tell da peopo from
befo time. He say, 'No go kill nobody. Whoeva go kill some-
body gotta come in front da judge.' 22But eh! I tell you guys
dis. Whoeva huhu wit his brudda gotta come in front da judge.
Whoeva tell his brudda, 'You no good!' gotta come in front
da main leadas. But whoeva tell, 'You stupid an good fo
notting!' gotta go to da Hell fire.

23"So, if you bring one gift fo da Good Boss Above
inside da temple, an you rememba yoa brudda huhu wit you
cuz you wen do someting to him, 24leave yoa gift ova dea, an
go make good to yoa brudda. Den you can go back an give yoa
gift to da Boss Above.

25 "If one guy like take you in front da judge, quick, try get
everyting right wit him wen you still get chance. If you no do dat,
he goin give you to da judge, an he goin give you to da police, an
he goin put you inside jail. 26 I telling you da trut, you gotta pay
every penny you owe befo you can come out.

Da Guy Dat Fool Aroun Wit da Odda Guy's Wife

(Exodus 10:14)

27 "You guys wen hear wat God wen say. 'No go fool aroun
behind yoa husban o yoa wife's back.' 28 But eh! I telling you
guys dis. Whoeva look at one wahine an like fool aroun her, he
wen do um awready inside his heart. 29 If da right eye make you
do bad kine stuff lidat, dig um out, an throw um away! No matta
you ony get one eye —mo worse da whole body go Hell! 30 If da
right hand make you do bad kine stuff, cut um off an throw um
away! No matta you ony get one hand —mo worse da whole body
go Hell!

Da Guy Dat Dump His Wife

(Matthew 19:9; Mark 10:11-12; Luke 16:18; Deuteronomy 24:1)

31 "God wen say: 'Whoeva goin dump his wife, gotta write
um down on one divorce paper an give um to her.' 32 But eh! I
telling you guys dis: Whoeva dump his wife, an she neva even
fool aroun, he make her jalike she wen fool aroun. An if one
nodda guy marry her afta her husban wen dump her, dat guy
jalike one guy dat go fool aroun da firs guy's wife.

Do Wat You Promise

*(Leviticus 19:12; Numbas 30:2; Deuteronomy 23:21;
Isaiah 66:1; Psalm 48:2)*

33 "An you guys wen hear wat God wen tell da peopo from
befo time. He say, 'No promise someting an den no do um. Cuz
you wen promise um in front da Good Boss Above. So, you betta
do um!' 34 But eh! I tell you guys dis. No go say, 'I swear to God.'
No make promise an say 'I swear by da sky, I goin do um!' cuz
dass God's throne, wea he stay sitting. 35 No make promise an say

'by da earth', cuz dass God's stool fo his feet. No make promise
an say 'by Jerusalem', cuz dass da spesho town fo da big King.
36 No make promise an say 'by my head', cuz you no can make
one hair come white o black. 37 Ony say, 'Yeah', o 'No'. Wateva
you say mo den dis come from da Bad Guy, da Devil.

No Fight Back

(Luke 6:29-30; Exodus 21:24; Leviticus 24:20; Deuteronomy 19:21)

38 "You guys wen hear wat God wen say. 'If anybody pull
out yoa eye, pull out his eye. If anybody broke yoa teet, broke his
teet.' 39 But eh! I telling you guys dis. No fight back da bad guys.
If anybody hit yoa face one side, mo betta let um hit da odda side
too. 40 If anybody take you in front da judge so dey can get yoa
shirt, let um take yoa coat too. 41 If one army guy make you carry
his stuffs one mile, eh! carry um two miles. 42 Wen somebody aks
you fo someting you get, give um. Da guy who like borrow
someting from you, no tell um, "No!"

Love Da Guys Dat Hate You

(Luke 6:27-28, 32-36; Leviticus 19:18)

43 "You guys wen hear wat God wen say. 'Show love an
aloha fo da peopo dat all aroun you.' An da peopo say. 'Hate da
guys dat hate you.' 44 But eh! I telling you guys dis. Show love
an aloha fo da guys dat hate you! An aks God fo help da guys dat
make you suffa! 45 Wen you do dat, you goin show fo real dat you
da kine kids dat come from yoa Fadda dat stay in da sky. He make
da sun come up fo da bad guys an da good guys. An he send rain
fo da guys dat do da right tings, an fo da guys dat no do da right
tings. 46 If you guys ony get love an aloha fo da guys dat get da
same ting fo you, you tink God owe you guys money fo dat? Nah!
Even da tax peopo get love an aloha fo da guys dat get da same
ting fo dem. 47 If you guys say 'Howzit' ony to yoa bruddas, you
tink you spesho, o wat? Even all da diffren peopos all ova da
world make lidat. 48 Everytime you gotta be good hundred percent,
jalike yoa Fadda in da sky, he good hundred percent everytime.

Give To Da Guys Dat No Mo Notting

6 1 "Watch out! No good you make show in front peopo wen you do da religious kine stuff, cuz you guys ony like dem see da religious kine stuff dat you guys do. If you guys make lidat, yoa Fadda in da sky no goin give you guys notting.

2 "Wen you guys give money to da guys dat no mo notting, no make big show jalike da guys dat say one ting an do anodda, wen dey go inside da Jewish churches an wen dey walk on top da roads. Dey like da peopo say dat dey awesome. Dass right! An I telling you guys dis too. Dey wen get all dea pay awready.

3 "So you guys, wen you give money to da guys dat no mo notting, no tell nobody. 4 Den nobody goin know dat you give money. But yoa Fadda, he can see wat da odda guys no can see, an he goin give you plenny fo dat.

How fo Pray

(Luke 11:2-4)

5 "Wen you guys pray, no make like da guys dat say one ting an do anodda. Dey like stand up an pray inside da Jewish churches o outside wea everybody go, cuz dey like da peopo see wat dey do. Dass right! An I telling you dis too. Dey wen get all dea pay awready. 6 But you guys, wen you pray, go inside yoa room an close da door. Den pray to yoa Fadda. He stay inside da room wit you, wea da odda guys no can see, an he goin give you plenny fo dat. Cuz yoa Fadda can see wat da odda guys no can see.

7 "Wen you guys pray, no say any kine stuff dat no mean notting. Get odda peopos all ova da world dat make lidat. Dey tink God goin listen to dem cuz dey say so plenny stuff wen dey pray. 8 No make like dem, cuz yoa Fadda know awready all da stuff you need, befo you aks him. 9 So, pray lidis,

God, you our Fadda.
You stay in da sky.
We like all da peopo know fo shua
  how you stay,
an dat you good an spesho inside,

an we like dem give you plenny
respeck.
10 We like you come king ova hea now.
We like everybody make jalike you like,
ova hea inside da world,
jalike da angel guys up inside da
sky make jalike you like.
11 Give us da food we need fo every day.
12 Let us go, an throw out our shame
fo all da kine bad stuff we do to you,
jalike us guys let da odda guys go
awready,
an we no stay huhu wit dem
fo all da kine bad stuff dey do to us.
13 No let us get chance fo do bad
kine stuff,
But take us outa dea, so da Bad Guy
no can hurt us.
[Cuz you our king,
you get da real power,
an you stay awesome fo eva.
Dass it!]

14 "I telling you guys, if you let da odda guys go afta
dey do bad kine stuff to you, den yoa Fadda up dea in da sky
goin let you guys go, an throw out yoa shame fo all da kine
bad stuff you guys do. 15 But if you no let da odda guys go afta
dey do bad kine stuff to you, den yoa Fadda no goin let you
guys go, an he no goin throw out yoa shame fo all da kine bad
stuff you guys do.

Wen You No Eat So You Can Pray

16 "You guys, wen you no eat so you can pray, no make long face. Da guys dat say one ting an do anodda, dey try make demself look all hamajang so all da peopo can see dey no eat so dey can pray. Dass right! An I telling you guys dis too. Dey wen get all dea pay awready.

17"But you guys, wen you no eat so you can pray, comb yoa
hair an wash yoa face, 18so wen da peopo see you, dey not goin know
you not eating so you can pray. Yoa Fadda see wat da odda guys no
can see, an he goin give you plenny fo dat.

Stash Plenny Good Kine Stuff in da Sky

(Luke 12:33-34)

19 "No work hard fo stash da kine stuffs dass importan ova
hea inside dis world, cuz da moth an da rust goin eat um up, an
da steala guys goin broke inside yoa house an take um. 20Mo betta
you guys do da good kine stuffs dass importan up dea in da sky
wea God stay. Ova dea da moth an da rust no can eat um up, an
da steala guys no can broke inside yoa house an take um. 21Cuz
you know, wateva kine stuffs stay da mos importan fo you, dass
wea yoa heart stay.

Da Light Fo Da Body

(Luke 11:34-36)

22 "You know, eh, da eye jalike one lamp fo inside da body.
If da eye okay, dat mean, da guy stay all light inside. He get good
heart fo help peopo. 23But if da eye no good, dat mean, da guy
stay all dark inside. He one greedy bugga! Eh brah, if no mo light
inside you, you stay all dark inside fo shua!

God An Da Stuffs You Get

(Luke 16:13; 12:22-34)

24 "Nobody can work, an two boss guys own him. He
goin like listen to one boss an hate da odda. He goin like stick
wit one boss an tink da odda guy no good. Same ting, you guys
no can work fo da real God an da money god.

25 "Dass why I telling you guys, no worry bout how you
goin live, wat you goin eat, wat you goin drink, wat you goin
wear. Wat you tink? You live ony fo eat? No way! Yoa body ony
fo clothes? Not even! 26Look da birds dat fly in da sky. Dey no
plant seed, an get crops, an stash um, but yoa Fadda in da sky, he
feed um. Tink! You guys mo importan den dem. 27Wat you worry

fo? You tink dat goin make you live mo longer? No way!
28 “An da clothes, how come you worry bout dat? Tink!
Da flowers dat grow in da field, how dey can grow? Dey no work
o make dea own clothes. 29 But I telling you, even King Solomon,
wit all his awesome stuffs, neva get awesome clothes like da flowers.
30 Da grass inside da field stay growing today, but tomorrow dey goin
throw um inside da fire. Eh, God give da grass clothes lidat, so garans
he goin give you guys clothes. You guys ony trussing God litto bit!
31 “So, eh! no go worry an say, ‘Wat we goin eat?’, o ‘Wat
we goin drink?’, o ‘Wat we goin wear?’ 32 You know, da odda
peopos all ova da world, dey try get all dat kine stuff. But yoa
Fadda in da sky, he know you guys need um. 33 Main ting, make
God yoa Boss, cuz he da King. Do da right ting jalike he do, an
you guys goin get all da stuffs you need.
34 “So no worry bout tomorrow, cuz tomorrow get plenny
fo worry bout. Every day get nuff trouble fo dat day.

No Make Like One Judge

(Luke 6:37-38, 41-42)

7 1 “No judge da odda guys, if you no like God judge you
guys, same ting. 2 Da way you guys judge da odda guys,
dass how God goin judge you guys too. An da rules you guys
use fo judge, he goin use da same rules fo judge you guys.
3 “How come you try spock one small piece junk inside
yoa brudda’s eye, cuz you know, awready get one big two by four
inside yoa own eye. 4 Eh, an how you goin tell yoa brudda, ‘Eh,
try let me pull da small piece junk outa yoa eye’, wen you get one
big two by four inside yoa own eye? 5 You say one ting an do
anodda! Firs you gotta take da big two by four outa yoa own eye.
Den you can see good fo take da small piece junk outa yoa
brudda’s eye.
6 “No give stuff dat stay spesho fo God to da guys dat goin
talk stink about um an goin waste um. Cuz dey jalike da dogs dat
goin turn aroun fo attack you guys. An dey jalike da wild pigs dat
goin walk all ova on top da stuff dat worth plenny, den dey goin
turn aroun an waste you guys.

Aks, Look, Knock
(Luke 11:9-13)

7 "Aks God, an you goin get um. Look, an you goin find
um. Knock, an God goin open da door fo you. 8All da guys dat
aks, goin get. All da guys dat look fo someting, goin find um. All
da guys dat stay knocking on top da door, God goin open da door
fo dem. 9If yoa boy aks you fo bread, you goin give um one rock,
o wat? 10If he aks fo one fish, you goin give um one snake, o wat?
11Eh, you guys no good, but you guys know how fo give good
kine stuffs to yoa kids. Fo shua den, yoa Fadda in da sky goin
give good kine stuffs to da peopo dat aks him. 12So, wateva you
guys like peopo do to you guys bumbye, make lidat to dem, same
ting, now. Dis everyting dat God's Rules say in da Bible, an
everyting dat God's talkas wen teach.

Da Skinny Gate
(Luke 13:24)

13 "Fo go inside God's place, go inside thru da skinny gate.
Get one nodda gate dat stay wide an get plenny room. Dass da
gate fo da road fo take you to Hell, an get plenny guys going dat
way. 14 But da real gate stay skinny an da real road mo smalla.
Dass da one fo bring you to God who goin make you live fo real
kine, an ony litto bit guys goin pick dat road.

Da Fruit Tree
(Luke 6:43-44)

15 "Watch out da guys dat say dey talk fo God, an teach
stuff dat not true. Dey ony make bulai kine. Dey come by you
guys an ack all good kine, but fo real kine, inside dey like eat you
up, jalike dey wild dogs dat try fo look like dey sheeps. 16You
goin know um by da kine stuff dey do. No can pick da grape o da
fig from da thorn bush, yeah? 17Da good kine tree goin give good
kine fruit, an da no good kine tree goin give junk kine fruit. 18Da
good kine tree no can give junk kine fruit, an da no good kine tree

no can give good kine fruit. 19All da trees dat no give good kine fruit, dey cut um down an throw um on top da fire. 20From da kine stuff dey stay doing, you goin know wat kine peopo dem.

I Donno You Guys

(Luke 13:25-27)

21 "Goin get peopo dat stay tell me, 'Eh Boss! Boss!' But not all a dem goin go wea God in da sky stay king. Ony da guy dat do wat my Fadda in da sky like, he going dea. 22Wen dat time come, plenny peopo goin tell me, 'Eh, Boss, we wen tell everybody we yoa guys wen we wen talk fo you, an wen we wen make da bad kine spirits let go peopo, an wen we wen do plenny awesome kine stuffs.' 23I goin tell um strait, 'Who you? I donno you guys. Go way from me! You guys wen broke da Rules dat God wen make.'

Da Two House Builda Guys

(Luke 6:47-49)

24 "So you know, whoeva hear wat I say, an go do um, he jalike one smart guy dat make plan everytime, den he build his house on top wea stay solid rock. 25Da rain wen come, an get plenny water, an da wind wen come from all ova da place, an wen pound da house hard. But da house no fall down, cuz he wen build um wea stay solid rock.

26"All da guys dat hear wat I say, an no do um, dey jalike one guy dat not tinking, an he build his house wea ony get sand. 27Da rain wen come, an get plenny water, an da wind wen come from all ova da place, an pounda house hard. Az da house wen fall down an wen wipe out!"

Jesus Teach Wit Plenny Power

28 Wen Jesus pau teach, all da peopo, wen blow dea minds fo wat he teach um, 29cuz he teach wit plenny power. He not jalike da teacha guys dat teach God's Rules, dey no mo power.

Jesus Make One Lepa Guy Come Good
(Mark 1:40-45; Luke 5:12-16)

8 1 Jesus wen go down from da mountain, an plenny peopo
wen go wit him. 2 An you know wat? Had one lepa guy
wen go by him an go down in front him. He say, "Boss, if you
like, you can make me come good, yeah? jalike da way God like."
3 Jesus wen stick out his hand an touch him, an say, "Okay,
I do um. Come good." Right den an dea da lepa guy come good.
4 Den Jesus tell him, "Make shua dat you no tell nobody bout dis.
Go, let da priest guy check you out. No foget make da kine
sacrifice, now, jalike Moses wen tell in God's Rules. Den every-
body goin know dat you stay good now."

Jesus Make One Captain's Worka Guy Come Good
(Luke 7:1-10; John 4:43-54)

5 Wen Jesus was going inside Capernaum town, one cap-
tain fo da Roman army guys wen come by him fo beg um, 6 "Boss,
I get one worka guy dat stay home sick. He no can move, an he
stay suffa plenny."
7 Jesus tell him, "Kay. I goin go yoa house fo make him
come good." 8 But da captain say, "Eh Boss, you know, I not
good enuff fo you fo come inside my house. Ony say da ting, den
my worka guy goin come good. 9 You know, I get one army boss
who tell me wat fo do. An I tell my army guys wat fo do. I tell
dis guy, 'Go', an he go. An I tell dat guy, 'Come', an he come.
An my slave guy, I tell um, 'Do dis', an he do um."
10 Jesus wen hear dat, an he tell da odda guys dat stay
following him, "Ho! Dis guy get um! An I like tell you guys dis:
no mo Israel peopo dat trus me lidat! 11 An I like tell you guys
one mo ting: wen God in da sky stay king, goin get plenny guys
dat goin come from far away an all aroun, east side an west side,
an dey all goin make big party togedda wit Abraham, Isaac, an
Jacob. 12 But goin get odda guys, God suppose to be dea king, but
dey no like um. An den he goin throw um outside inside da dark.
Ova dea dey goin cry plenny an grind dea teeth, cuz dey wild."

13 Den Jesus tell da captain, "Go. Jalike you trus me, dass
how stay now." Same time, da worka guy wen come good.

Jesus Make Plenny Peopo Come Good
(Mark 1:29-34; Luke 4:38-41; Isaiah 53:4)

14 Den Jesus wen go Peter's house. He go inside, an see
Peter's mudda-in-law on top da bed. She get feva. 15 He wen touch
her hand an da feva wen pau. She wen get up an cook food fo
Jesus dem. 16 Afta da sun wen go down, den dey wen bring plenny
guys dat get bad kine spirits dat stay take ova dem. Jesus tell da
bad kine spirits, "Let um go!" an dey let um go. He make all da
sick peopo come good. 17 Dis wen happen jalike befo time da guy
Isaiah wen say, who talk fo God long time ago, "Was him dat
wen hemo all our sick an take um away."

Da Guys Dat Say Dey Going Wit Jesus
(Luke 9:57-62)

18 Bumbye, Jesus wen see choke peopo aroun him. He tell
his guys fo go ova da odda side da lake. 19 One teacha guy dat
teach God's Rules wen come by him, an say, "Teacha, I goin go
wit you weaeva you go."

20 Jesus tell him, "Da foxes get hole fo house, an da birds
in da sky get nest. But me, da Guy Dass Fo Real, I no mo house
fo lie down."

21 One nodda guy dat Jesus stay teaching tell him, "Eh,
Boss, try let me go. I no can go wit you till afta my fadda mahke.
Gotta bury um, eh?" 22 But Jesus tell him, "Let da peopo who know
how fo handle da dead guys bury um. You, jus come wit me an
be my guy!"

Jesus Make da Storm Pau
(Mark 4:35-41; Luke 8:22-25)

23 Jesus an his guys wen go inside one boat. 24 Den had one
big storm ova dea, an da waves was bussing ova da boat. But
Jesus still yet stay sleeping. 25 His guys wen go wake him up, an
tell him, "Eh, Boss! Get us outa dis! We goin mahke!" 26 But he

aks um· "How come you guys scared? Wot! You guys no trus
me!?" Den he get up. He scold all da winds an da waves. Den
everyting wen come good. 27His guys, wen blow dea minds, an
den dey say, "Eh, wea dis guy from? Even da winds an da waves
do wat he tell um!"

Jesus Make Two Guys Wit Bad Kine Spirits Come Good

(Mark 5:1-20; Luke 8:26-39)

28 He go da odda side da lake, dea wea da Gadara peopo
get dea land. Had two guys dea dat da bad kine spirits take um
ova. Eh, you know, dem guys, dey ack so wild, jalike dey crazy.
Dass why nobody strong enuff fo go dat road. Dey live ova dea
wea da dead peopo stay buried. Da two guys come outa dea, an
den dey go by Jesus. 29An eh! dey yelling, "Wat you like do to
us, Jesus? You God's Boy! You come hea fo make us suffa befo
da time come, o wat?"

30 Had plenny pigs near dea, grinding. 31Da bad kine spirits
wen beg Jesus, "Wen you goin make us let go da guy, we like go
inside da pigs an take um ova."

32 He tell um, "Go." So dey wen let go da guys, an go take
ova da pigs. An you know wat? All da pigs wen run down one
steep hill an fall ova da cliff inside da lake, an drown inside da
water. 33 Den da pig farmas wen run, an go inside da town, an tell
everybody wat wen happen. Dey tell about da guys who get da
bad kine spirits too. 34An you know wat? All da peopo from
inside da town wen go out fo see Jesus. An wen dey wen see him,
dey beg um fo go way from dea.

Jesus An Da Guy Dat No Can Move

(Mark 2:1-12; Luke 5:17-26)

9 1 Jesus wen go inside da boat, fo go back da odda side da
lake, an he come by da town wea he live. 2Had some guys
dat wen bring one guy by Jesus on top one mat. Da guy, he no
can move, notting. Jesus wen see dat, an he tink, "Eh, wow! Dis
guys trus me fo real kine, dat I goin make dea friend come good!"

Den he tell da guy, "Eh, you, make strong! You know all da kine
bad stuff you wen do? I tell you now, da shame from all dat, pau
awready!" 3 But get some teacha guys dea dat teach God's Rules.
Dey tinking, "Eh, dis guy ack jalike he God! [Ony God can throw
out da shame fo da bad kine stuff peopo do!]"
4 But Jesus wen know wat dey tinking. He say, "How come
you guys tinking bad kine stuff lidat? 5-6I like show proof you
guys, dat I da Guy Dass fo Real, an I get da right inside dis world,
fo throw out da shame dat peopo get fo da kine bad stuff dey wen
do. But, easy fo talk bout throwing out da shame —anybody can
talk dat kine. But not easy fo do um. Same ting, easy fo tell one
sick guy dat no can move, 'Eh, stand up an move aroun!'
—anybody can talk dat kine. But not easy fo do um. But now, I
goin show proof you guys —I goin make dis sick guy make
strong."
Dass why he tell da guy, "Eh, get up! Take yoa mat an go
home awready!" 7So da guy wen get up an go home. 8All da
peopo wen see dat, an dey wen come real scared. An dey tell how
awesome God stay, cuz he da kine God dat give peopo dat kine
power.

Jesus Tell Matthew "Be My Guy!"

(Mark 2:13-17; Luke 5:27-32; Hosea 6:6)

9Den Jesus wen go way from dea. He wen spock one guy
name Matthew. He stay inside da tax place taking money. Jesus
tell him, "Come wit me! Be one a my guys!" Matthew wen get
up, an wen go wit him.
10Dat time Jesus go Matthew house fo eat. Plenny tax guys
an odda kine peopo jalike dem wen go sit down fo eat wit Jesus
an his guys.
11Da Pharisee guys see dat, an dey aks Jesus guys, "Eh,
yoa teacha, how come he eating wit da tax guys an odda kine
peopo jalike dem?" 12Jesus wen hear dat, an he tell um, "Da guys
dat not sick no need docta, ony da sick guys need docta. 13Go
figga dis dat God's talka Hosea wen say befo time, 'I like my
peopo give chance to each odda. Dat mo betta den do da religious
kine stuff inside da temple.' Dass wat God say. But me, I neva

come fo tell da guys dat everytime do wat God say fo come by
me fo be my guys, but I wen come fo da odda kine peopo."

How Come Jesus Guys No Skip Food So Dey Can Pray?

(Mark 2:18-23; Luke 5:33-39)

14 Had guys, John da Baptiza Guy was dea teacha. Dey
wen come by Jesus, an aks him, "How come us guys skipping
food so we can pray, an da Pharisee guys skipping food so dey
can pray, but da guys you teaching, dey not skipping food, but
still yet dey can pray?"

15 Jesus tell um, "Wat you tink? You go one wedding an
hang yoa face an cry wen da guy dat getting married stay dea?
Not! Bumbye, da time goin come wen dey goin take away da guy
dat getting married, an den dat time his friends goin skip food.

No Mix Da Old Kine Teaching Wit Da New Kine Teaching

16 "Fo fix up one old puka clothes, you no goin take one
new piece cloth dat no shrink yet fo cova da puka. You do dat,
den wen you go wash um, da new piece goin shrink an make one
mo big puka, an you make da old clothes mo worse. 17 Same ting,
you no goin put grape juice fo make wine inside one old kine
leather bag an close um fo let um ferment. You do dat, da new
wine goin ferment an bus da old wine bag, an da wine goin spill
out. Da old leather no good no moa. Mo betta, you put da grape
juice inside one new kine leather bag. Den da wine an da bag
stay good."

One Leada Guy's Girl an One Wahine

(Mark 5:21-43; Luke 8:40-56)

18 He stay talking to dem, an one leada guy wen go dea an
go down in front Jesus, an say, "My girl jus wen mahke. Try come
an put yoa hand on top her. Den she goin come back alive."

19 Jesus wen go wit him, an da guys he teaching wen go
too. 20-21 An you know wat? Ova dea, had one wahine who stay

bleeding twelve years. She tink, "If I ony touch Jesus clotheses,
I know I goin come good." Dass why she go behind Jesus, an wen
touch his clotheses.
22 Jesus wen turn aroun, an wen spock her behind him, an
he say, "Sista, make strong! You trus me, dass why you come
good awready." Right den an dea she wen come good.
23 Jesus wen come near da leada guy's house, an see da
guys playing funeral kine music. Everybody stay making big
noise an crying plenny. 24He tell um, "Everybody go way! Da girl
neva mahke, she ony sleeping." But da peopo make fun a him.
25He send um all outside. He go inside, an take da girl's hand, an
she wen come back alive. 26Da peopo all ova da place ova dea
hear bout dis.

Jesus Make Two Blind Guys See

27Jesus wen go way from dea. Had two blind guys go
behind Jesus yelling, "Eh, you, dey call you Da Guy dat from
King David ohana! Make pity on us, an give us chance!"
28 Wen Jesus go inside his house, da blind guys go inside
dea too. Jesus tell um, "Fo real kine, you guys trus me, dat I can
make you guys see?"

Dey tell him, "Yeah, Mista."

29 Den he touch dea eyes an say, "Da way you guys trus
me, dass how goin be." 30An right den an dea dey wen see. Den
Jesus tell um strait, "You guys betta not tell nobody notting bout
dis." 31But dey wen go all ova da place an tell everybody.

Jesus Make One Guy Dat No Can Talk Come Good

32 Da guys dat was blind befo wen go way from dea. An
you know wat? Odda guys wen bring one guy by Jesus. Had one
bad kine spirit dat wen take ova him, dass why da guy no can talk.
33Jesus make da bad kine spirit let um go, an den da guy can talk.
All da peopo, wen blow dea minds. Dey say, "Us Israel peopo, we
neva see dis kine stuff happen befo!" 34But da Pharisee guys stay
telling, "Dis bugga stay tight wit da leada guy fo da bad kine spirits,
da Devil, you know. Dass why he can make um let go da peopo!"

Jesus Feel Pity Fo Da Peopo

35 Jesus go aroun all da big an small towns, an he teach
inside da Jewish churches. He teach da Good Kine Stuff about
how dey can get God fo dea King, an he make all da sick guys an
weak guys come good. 36He look all da peopo, an he get love an
aloha an pity fo dem, cuz dey all worn out inside an no can help
demself. Dey jalike da sheeps dat no mo one sheep farma fo take
care dem.

37 So den he tell his guys, "Eh! Da peopo jalike da crop.
Get plenny crop fo bring inside, but no mo nuff worka guys fo
do um. 38Dass why you guys gotta aks da boss guy who own da
crop fo send da worka guys fo bring um in."

Da Twelve Guys Jesus Send All Ova Da Place

(Mark 3:13-19; Luke 6:12-16)

10 1 Jesus tell his twelve guys fo come togedda wit him, an he
give um da power fo make da bad kine spirits let go da
peopo dat dey wen take ova, an fo make all kine sick peopo come
good. 2Dis da twelve guys he send all ova da place: Simon, da
one dey name Peter, an Andrew his brudda; James, dass Zebedee
boy, an John, dass James brudda; 3Philip an Bartolomew; Thomas
an Matthew, dass da guy befo time dat collect money fo tax fo da
goverment; James, dass Alphaeus boy, an Taddaeus; 4da odda
guy name Simon, he from da Jewish sovereignty guys; an Judas
Iscariot, dass da guy dat goin set up Jesus fo mahke bumbye.

Wat Da Twelve Guys Suppose to Do

(Mark 6:7-13; Luke 9:1-6)

5 Jesus send da twelve guys all ova, an he tell um, "No go
wea da peopo dat not Jews stay, an no go wea da Samaritan peopo
stay, 6 but go by da peopo from Israel ohana, cuz dey jalike sheeps
dat stay lost. 7An wen you guys go, teach lidis, 'God, da King
from da sky, now he stay king ova hea.' 8Make da sick guys come
good, make da mahke guys come back alive again, make da lepa
guys come good, an make da bad kine spirits let go da peopo.
God give you guys plenny, an he no expecting notting back. So

den, you guys give plenny too, an you guys not expecting notting
back. 9Gold, o silva, o coppa money, no take um wit you guys.
10No even take one bag fo da trip, o extra clothes, o slippas, o
walking stick; cuz da peopo suppose to give da worka guy wat
he need.

11"Wen you guys go inside one big o small town, look fo
one guy dea dat da peopo get respeck fo, an stay his place till you
go way from dea. 12Wen you guys go inside da guy's house, tell
um you dea fo bring aloha. 13An if dat ohana give you guys
respeck, den give dem yoa aloha, but if dey no give respeck, take
back yoa aloha. 14If no mo nobody take you guys in, an dey no
like hear wat you say, wen you go outa dea, dust da dust from
yoa feet so dat you guys no mo dust from dat no good place.
15Dass right! An I tell you guys dis too. wen dey stand in front
God da Judge, dey goin get mo hard time den da peopo from
Sodom town an Gomorrah town, dat time God wen wipe um out.

You Guys Goin Suffa Plenny

(Mark 13:9-13; Luke 21:12-17)

16 "You know, I sending you guys out jalike sheeps, an you
guys goin go wea da wolfs stay. So you guys gotta tink, jalike da
snakes, an no hurt nobody, jalike da doves. 17Watch out fo da
guys dat goin set you up in front da main leadas, an goin whip
yoa back hard inside da Jewish churches. 18Dey goin drag you
guys in front governas an kings cuz you my guys. Den you guys
goin tell wat you know bout me in front dem, an in front all da
odda guys dat not Jews. 19Wen dey set you guys up lidat, no worry
wat you goin say o how you goin say um. Ony say wat yoa Fadda
goin tell you right den. 20Dat time goin be his Spirit talking, not
you guys.

21 "One brudda goin set up his own brudda fo mahke, an
one fadda his kid, an kids goin fight wit dea mudda an fadda, an
dey goin set um up fo mahke. 22Everybody goin hate you guys
cuz you my guys. But da guy dat no give up till pau goin come
out okay.

23 "Wen da guys inside one town make you guys suffa, go
way from dea, den go one nodda town. Dass right! An I tell you

guys dis too. I da Guy Dass Fo Real, an I goin come back befo
you guys even can go all da towns Israel side.
24 “Da teacha, he mo importan den da guy learning. Da
boss, he mo importan den da worka. 25Da guy learning goin feel
good inside if bumbye he can come jalike his teacha, an da worka
guy come jalike his boss. If dey call da head guy inside da house
‘Da Devil’, den dey goin call his ohana ‘Da Devil Guys’ an even
mo worse tings.

No Scared Dem
(Luke 12:2-7)

26 “No scared dem. Da tings dey cova an hide, everybody
goin know an see. 27Wat I telling you guys in da dark, tell um wea
get light too. An wat I wispa in yoa ear, stand on top da house an
yell um out. 28No scared da guys dat can make yoa body mahke,
but no can make yoa spirit mahke. But you guys betta be scared
God. He can make yoa body an yoa spirit mahke inside Hell.
29Dey sell two sparrow birds in da market fo one penny. But not
even one sparrow bird goin fall down from da sky on top da
ground if yoa Fadda no like. 30Yoa Fadda, he even know how
much hairs you get on top yoa head! 31No scared! Cuz God know
you guys worth mo den plenny sparrow birds.

Da Guy Dat Tell Da Peopo He Know Christ
(Luke 12:8-9; Micah 7:6)

32 “If get one guy dat tell in front all da peopo dat he know
me, den I goin tell in front my Fadda in da sky dat I know him.
33But if get one guy dat tell in front da peopo dat he donno me,
den I goin tell in front my Fadda in da sky dat I donno him.

Not Friends, But Fighting
(Mark 8:34; Luke 12:51-53; 14:26-27; Micah 7:6)

34 “No tink dat I come hea to dis world fo make everybody
come friends. I no come fo do dat, but fo make um turn agains
each odda. 35I come an I hea now, an jalike da Bible wen say from
befo time, ‘Dat goin make one guy turn agains his fadda, one girl

agains her mudda, one daughta-in-law agains her mudda-in-law.
36You goin get guys dat hate you inside yoa own ohana.'
37 "Whoeva get love fo his fadda o his mudda mo den he
get love fo me, not good enuff fo be my guy. An whoeva get love
fo his boy o his girl mo den he get love fo me, not good enuff fo
be my guy. 38Da guy dat not ready fo go wit me an be my guy,
no matta dey even goin kill um on top one cross, he not good
enuff fo be my guy. 39Whoeva hang on to dea life goin lose um.
But whoeva give up dea life cuz dey my guy, goin get da kine life
dass fo real kine.

Da Guys Dat Goin Get Someting Good

(Mark 9:41)

40 "Anybody take you guys in an make friends wit you
guys, same guys, dey goin take me in, an I goin make friends wit
dem. Anybody take me in an make friends wit me, same guys,
dey goin take in da Guy dat wen send me, an he goin make friends
wit dem. 41Anybody take in one guy dat talk fo God an make
friends wit him, jus cuz he talk fo God, God goin treat him good,
jalike he was God's talka too. Anybody take in one good guy an
make friends wit him, jus cuz he one good guy, God goin treat
him good, jalike he was one good guy too. 42Whoeva give one
guy I teaching hea even one drink cold water, cuz he one guy I
stay teaching, no matta he ony one regula guy, I tell you guys fo
shua, God goin treat um good."
11 1 Wen Jesus pau tell his twelve guys wat dey gotta do an
wea dey gotta go, he send um all ova da place, an den he
go way from ova dea fo go teach inside da odda towns.

Da Guys John Da Baptiza Guy Send

(Luke 7:18-35; Exodus 23:20; Isaiah 35:5-6; 42:18; 61.1; Malachi 3.1)

2 Same time, John da Baptiza Guy, he stay in jail. He hear
all da stuff Jesus stay doing. (Jesus was da Christ guy, you know,
da Spesho Guy God Wen Send.) So John wen go send his guys
fo talk to Jesus. 3Dey aks him, "Eh, you da guy suppose to come,
o wat? O we suppose to wait fo one nodda guy fo come?"

4 Jesus tell um, "Go, tell John wat you guys stay hear an see. 5 Had guys dat no can see, now dey can see. Had guys dat no can walk, now dey can walk. Had lepa guys, now dey no mo sick. Had guys dat no can hear, now dey can hear. Had guys dat was mahke, now dey stay walking aroun. Da poor peopo, now dey hear all da Good Kine Stuff I teaching um. 6 An if da tings I do no bodda you, den you goin feel good inside."

7 Afta John's guys wen start fo go way from ova dea, Jesus tell all da peopo bout John. He aks um, "Dat time you guys wen go inside da boonies fo see John, how come you wen go? Fo look da wind blowing da grass? Nah! 8 Den, how come you guys wen go ova dea? Fo look one guy wit fancy kine clothes? You know wat? Da guys dat wear fancy kine clothes stay inside da king's palace. 9 If not dat, how come you guys wen go ova dea? Fo look one guy dat talk fo God? Eh, I tell you guys, John, he mo den one guy dat talk fo God. 10 Dis da guy da Bible wen talk about befo time, dat time God tell his Spesho Guy,

'Eh! Try listen dis!
I goin send my messenja guy befo you.
He goin make everyting ready fo you,
Befo you come ova dea.'

11 "Dass right! An I like tell you guys dis too. From all da peopo dat wen live befo time, no mo nobody mo importan den John da Baptiza Guy. But den now, even da mostest small kine guy dat get God fo his king, he mo importan den John.

12 "Since da firs time John wen start fo teach till now, da King's ohana stay coming mo an mo strong. An get guys dat like try beef, fo take um ova. 13 Till John wen show up ova dea, all da guys dat wen talk fo God befo time, an Moses wen he wen write down God's Rules inside da Bible, dey all wen talk bout da King's ohana. 14 Dis guy John, he da guy dey say goin come, jus like Elijah. You tink you guys can handle dat? 15 Yeah, you know! You guys get ears fo hear, you betta listen!

16 "But peopo nowdays, how dey stay? Dey jalike da kids dat stay sitting inside da open market place, an yelling to dea friends,

17 'Eh! Us guys make music fo you guys,
But you guys no like dance!
Us guys cry,
But you guys no come sad fo us!'

18 "Same ting, wen John da Baptiza Guy show up, he no
eat notting so he can pray plenny, an he no drink wine. Dass how
come peopo say, 'Eh, he get one bad kine spirit inside him!' 19Eh,
but try go figga dis. Me, I da Guy Dass Fo Real. I eat, I drink, an
dey say, 'You know wat? Dis guy everytime eating an drinking!
He friends wit da tax guys, an da odda kine peopo jalike dem.'
But eh! you know wat? Da guy who get da smarts from God, da
tings he do, goin make proof dat he right."

Da Peopo From Some Towns No Trus Jesus

(Luke 10:13-15; Isaiah 14:13,15)

20 Den Jesus wen scold da peopo from all da towns wea he
wen show his power, cuz dey not sorry fo all da kine bad stuff
dey doing. 21He say, "Oi auwe, you guys from Chorazin, an you
guys from Betsaida! Eh, I neva show my power fo da Tyre an
Sidon guys like I wen do um fo you guys. If I wen go do dat,
awready dem guys wen come sorry from long time an stop doing
um, an dey wen show dey shame fo all dat —dey wen go put on
one gunny bag, an go throw ash on top dea head, so everybody
know dey sorry. 22But I telling you now, you guys, bumbye goin
be mo easy fo da Tyre an Sidon guys wen dey gotta stand in front
God da Judge, den fo you guys. 23An you guys from Capernaum,
you tink God goin take you guys up in da sky, o wat? No! Mo
like he goin throw you guys down dea inside Hell. Cuz if I wen
do awesome stuff wit my power fo da Sodom guys jalike I do fo
you guys, still yet Sodom town stay hea. 24But I telling you guys,
bumbye goin be mo easy fo da Sodom guys wen dey stand in
front God da Judge, den fo you guys."

Come Ova Hea By Me An Rest

(Luke 10:21-22)

25 Dat time Jesus say, "God, you my Fadda. You da Boss
all ova da sky an da world. Mahalo plenny, eh, cuz you show dis

kine stuff to da kids an hide um from da smart guys dat know plenny. 26 Yeah, you my Fadda, an dass how you like um happen."

27 Den he tell dem, "My Fadda give me everyting, you know. I his Boy, dass why. Nobody know me like my Fadda know me. An nobody know my Fadda fo real kine, ony me, I know him, cuz I his Boy. An da peopo I like show my Fadda, dey can know him fo real kine too.

28 "All you guys dat tired from working hard, an stay trying fo handle all da heavy kine stuff dat da Rules say, come! Come ova hea by me. I make you guys rest now. 29 Jalike da oxes get yoke on top dem fo pull da load, you guys put my yoke on top you, an go learn fo do wat I teaching you. I stay gentle an I like take care peopo befo me, so yoa hearts goin rest inside. 30 Cuz my yoke real good, an my load real easy."

Dey Give Jesus Heat About Da Rest Day

(Mark 2:23-28; Luke 6:1-5; 1 Samuel 21:1-7; Hosea 6:6)

12 1 Had one time, was da Jewish Rest Day, an Jesus an his guys wen walk thru da fields wea dey grow da grain. His guys was real hungry. Dey wen pick litto bit grain fo eat. 2 But had Pharisee guys ova dea dat wen see um do dat, an dey tell Jesus, "Eh, how come! Dese guys, you teaching dem, but still yet dey stay doing da kine stuff dey not suppose to do on da Rest Day!"

3 Jesus tell um, "Wot! You guys neva read inside da Bible wat King David wen do, da time wen him an his guys was hungry? 4 He go inside God's spesho house, an eat da spesho bread made fo God. But no can do dat kine, cuz God's Rules say dat ony da priest guys can eat um. But David, he eat um, an give um to his guys too, an dass okay. 5 Wot! You guys neva read inside da Bible how da priest guys inside da temple gotta do tings on da Rest Day dat da odda guys no can do? An dey no broke God's Rules. 6 I tell you strait, get one guy ova hea mo importan den dat temple. 7 Da Bible say, 'I like my peopo make good to each odda an give each odda chance. Dat mo betta den do da religious kine stuff inside da temple.' If you guys wen know wat dis mean, den you guys no say dey wen broke God's Rules, cuz dey neva. 8 I da Guy Dass Fo Real. I da one, da boss fo da Rest Day."

Da Guy Wit Da Wasted Hand

(Mark 3:1-6; Luke 6:6-11)

9 Wen Jesus go way, he go inside da Jewish church. 10An
you know wat? Get one guy dea, his hand stay all any kine. Dey
aks Jesus, "Stay okay fo make um come good on da Rest Day,
o wat?" Dey say dat cuz dey like bus um.

11 He tell um, "If one a you guys get one sheep dat fall
down inside one hole on da Rest Day, you goin grab um an pull
um out, yeah? 12You tink one sheep mo importan den one guy?
So, az okay fo do good kine stuff on da Rest Day."

13 Den he tell da guy wit da hand dat stay all any kine,
"Stick out yoa hand." An da guy stick um out, an da hand wen
come good, jalike da odda hand. 14But da Pharisee guys, dey go
outside fo make plan togedda how dey goin kill Jesus.

Da Guy God Wen Send Fo Work Fo Him

(Isaiah 42:1-4)

15 Jesus wen know wat dey talking about, so he go way
from ova dea. Choke peopo go wit him, an he make all da sick
peopo come good. 16He tell dem dey betta not tell da odda guys
who him. 17Wen he do dis, dat make um happen jalike Isaiah
wen say. (He da guy dat wen talk fo God long time ago, befo time,
you know.) He say.

18 "Eh, try listen! Dis da guy dat work fo me.
He da guy I wen pick.
I get love an aloha fo him,
I stay real good inside cuz a him.
I goin give him my Spirit,
An he goin teach da peopos all ova da world wat
stay right.
19 He no goin make argue o yell.
Nobody goin hear him talking loud in da street.
20 Da stick dat ready fo broke, he not goin broke um,
Da small fire dat ready fo pio, he no goin put um out,
Till bumbye he make everybody do how dey
suppose to.

21 All da peopos all ova da world goin trus him,
Cuz dey goin know who him."

Jesus an Beelzebul

(Mark 3:20-30; Luke 11:14-23; 12:10)

22 Dey bring one guy dat get one bad kine spirit dat take
ova him. Da guy no can see o talk, cuz da spirit no let um. An
Jesus throw out da spirit an make da guy come good, so he can
talk an see. 23 Da peopo, blow dea minds, an dey say, "Eh, dis da
guy from King David ohana dat da Bible wen talk about befo
time, o wat?"

24 Da Pharisee guys hear dat, an dey say, "Nah! Was
Beelzebul. He da boss fo da bad kine spirits, you know, an he da
one wen give dis guy da power fo throw um out, az why!"

25 Jesus wen know wat dey tinking. He tell um, "Da country
dat beef each odda, dey ony bus up dea own self. Da town o da
ohana dat beef each odda, no can stay strong. 26 If da Devil throw
out his own guys, den he going agains himself. How he goin stay
strong? 27 If dea boss give me power fo throw out da bad kine
spirits, who give yoa guys power fo throw um out? Den wat? Yoa
own guys goin show dat you guys stay wrong! 28 But if I throw
out da bad kine spirits cuz I get power from God's Spirit inside
a me, dat show dat God stay King, an he taking ova, ova hea now.
29 How one guy goin go bus inside one big moke house an rip off
his stuffs? Firs, he gotta tie up da moke! Den can steal everyting.
30 If you no stay wit me, den you stay agains me. Da guy dat
no work wit me, he ony work agains me. 31 Dass why I telling
you guys, God can throw out da peopo's shame fo all da kine
bad stuff dey doing, no matta dey talk stink. But if dey talk
stink about God's Good an Spesho Spirit, he no goin throw
out da shame fo dat. 32 I da Guy Dass Fo Real. Whoeva talk
agains me, God goin throw out da shame fo dat. But whoeva
talk agains God's Good an Spesho Spirit, God no goin throw
out dea shame fo dat, now o foeva.

One Tree an Da Fruit

(Luke 6:43-45)

33 “You gotta figga lidis. Wen da tree good, den da fruit
good. Wen da tree junk, den da fruit junk. Cuz da fruit goin show
if da tree stay good o junk. 34 You guys jalike one snake ohana!
You guys no good. How you guys goin talk good wen you guys
not? Wateva stay inside you guys, goin come outa you guys mout.
35 Da good guy, he good inside, an he do good kine stuff. Da bad
guy, he bad inside, an he do bad kine stuff. 36 I tell you guys strait,
da day every guy stand in front God da Judge, he gotta tell how
come he wen say all da no good stuff he wen say. 37 Cuz from wat
you say, da Judge goin let you go, o he goin punish you.”

Eh, Show Us Proof!

(Mark 8:11-12; Luke 11:29-32; Jonah 1:17; 3:5,8)

38 Some teacha guys dat teach God’s Rules, an some
Pharisee guys come by him. Dey say, “Eh, Teacha, we like see
proof dat you get power!”

39 But he tell um, “Da guys nowdays dat do bad kine stuff
an fool aroun behind God’s back, dey everytime like see proof,
but dey ony goin see one proof jalike Jonah. He da guy dat wen
talk fo God long time ago. 40 Jonah wen stay inside one big fish
three days an three nites. Same ting, I Da Guy Dass Fo Real,
an I goin stay unda da ground three days an three nites lidat.

41 “Da peopo inside Nineveh town goin stand in front God
da Judge fo show proof dat da guys dat stay hea nowdays, dey
doing bad kine stuff. Cuz da Nineveh peopo wen come sorry fo
all da bad kine stuff dey wen do, wen Jonah wen teach dem. But
you guys, neva. An one guy mo importan den Jonah stay hea now.

42 “Da queen from far away da south side goin stand in
front God da Judge an show dat da peopo dat stay hea nowdays,
dey doing bad kine stuff. Cuz she wen come from far away fo
listen King Solomon an all da smart stuff he wen say. But you
guys neva listen. An one guy mo importan den Solomon stay ova
hea wit you guys now. Dass me.

Da Bad Kine Spirit Come Back
(Luke 11:24-26)

43 "Wen one bad kine spirit let go one guy, dat spirit go all
ova da boonies fo find one place fo rest, but no can find notting.
44 Den he say, 'Eh, mo betta I go back to da place I wen stay befo.'
Wen he go dea, da place stay empty, cuz dey wen sweep um, an
fix um up. 45 Den he go get seven mo spirits dat mo worse den
him, an dey all go inside da place, an stay dea. Da guy who wen
get da bad kine spirit come mo worse den befo. Az why hard fo
da bad guys nowdays. Dey goin come mo worse den befo."

Jesus Mudda an Bruddas
(Mark 3:31-35; Luke 8:19-21)

46 Wen Jesus stay talking to da peopo, had his mudda an
brudda guys ova dea too, standing outside. Dey like talk to him.
47 One guy tell um, "Eh, yoa mudda an yoa bruddas, dey outside,
an dey like talk to you."

48 Jesus tell da guy, "Eh! Who you figga my mudda? Who
you figga my bruddas?" 49 Den he poin to da guys he teaching,
an he say, "Dese guys, dey my mudda an my bruddas. 50 Cuz
whoeva do da tings my Fadda in da sky say, dey my brudda, an
my sista, an my mudda."

Da Farma Plant Seed
(Mark 4:1-9; Luke 8:4-8)

13 1 Same day Jesus go outside da house, an sit down near da
lake fo teach. 2 Plenny peopo come aroun him, so he go
inside one small boat, an sit down dea. Da peopo, dey stay
standing on top da beach. 3 He teach um wit plenny stories. Dis
wat he say,

"You guys hear da story bout da farma guy? He go plant
seed. 4 He throw da seeds fo plant. Some fall down by da side a
da trail, an da birds go eat um up. 5 Some fall down on top da rocks
wea ony had litto bit dirt. But dey grow up fas, cuz ony litto bit
dirt dea. 6 Wen da sun come up, da plants burn, an dry up, cuz no
mo root. 7 Odda seed, dey fall down inside da weeds. Da weeds

wen grow. Dat wen choke da plants. [8]Odda seed, dey fall down
inside da good dirt, an dey grow good, an come up plenny. Some
seed, dey make thirty times mo seed, some odda seed make sixty
times mo seed, an odda even make hundred times mo seed."
[9]Jesus say, "If you guys hear dis, den tink bout um!"

How Come Jesus Teach Wit Stories

(Mark 4:10-12; Luke 8:9-10; Isaiah 6:9-10)

[10] Da guys he teaching come by him, an say, "How come
you teach dem wit stories lidat?"
[11] He say, "God let you guys know all da stuff about how
he stay King in da sky. But da odda guys, he no let dem know all
dat kine stuff. [12]If you guys undastan all dat kine stuff, den God
goin let you know moa, plenny moa. But if you guys no like know
all dat stuff, den even da litto bit you know, he goin take um away.
[13]Dass why I teach um wit stories, cuz

Dey see, but dey no can see fo real.
Dey hear, but dey no can hear fo real.
An dey no undastan.

[14] Dey ack jalike da guys Isaiah wen talk about befo time.
He say,

'You guys goin hear,
But you no goin undastan.
You guys goin see,
But you guys no goin see fo real.
[15] Cuz dis peopo get hard head,
Dea ears no can hear good,
Dey close dea eyes,
Cuz dey no like see fo real,
Dea ears, dey no like hear fo real kine,
Inside dem, dey no like undastan notting.
Dey no like change da way dey stay living,
So I can make um come good.'
Dass wat God say.

16 “But you guys, you stay good inside cuz yoa eyes can
see fo real an yoa ears can hear fo real. 17 Dass fo shoa. An I like
tell you guys dis too. Long time ago plenny guys who wen talk
fo God an plenny guys who wen do da right tings like see da stuff
you guys see, but neva see um. An dey like hear da stuff you guys
hear, but neva hear um.

Wat Da Story Mean

(Mark 4:13-20; Luke 8:11-15)

18 “Listen! Dis wat da story bout da farma mean. 19 Any
guy hear da stuff about da King in da sky, an no undastand, da
Bad Guy come an take away da stuff dat da guy wen hear dat stay
inside him. Dass jalike da seed dat fall down by da trail. 20 Da
seed dat fall down on top da rocks, dass jalike da guy dat hear da
good kine stuff, an he trus wat God tell him right den an dea, an
he stay good inside. 21 But da guy, he no mo root. He stick wit um
fo litto wile, but wen da odda guys make him suffa cuz he trus da
stuff he wen hear, den he give up. 22 Da seed dat fall down inside
da weeds, dass jalike da guy dat hear wat God say, but bumbye
he worry bout wat he goin eat, an all da kine stuff he need. He
like come rich, an dat throw him off da track, so all dat stuff choke
da stuff God say dat was inside him. He no can do da right tings,
jalike one plant inside da weeds dat no can give grain. 23 Da seed
dat fall down inside da good dirt, dass jalike da guy dat hear wat
God say an undastand um. He do da right tings, jalike da good
plant dat give grain. Da good stuff dat guy do, he goin do good
stuff hundred times moa, one nodda guy sixty times moa, one
nodda guy thirty times moa.”

Da Story Bout Da Weeds

24 He teach da peopo wit anodda story. He say, “Everytime
wen God in da sky stay king, dass jalike wen one farma plant
good seed inside his field. 25 But wen everybody sleeping, one guy
dat hate him go ova dea wea da wheat seed stay planted, an plant
weeds, an go way. 26 Wen da plants come up an make wheat, same
time da weeds come up, but den can tell da weed diffren from da

wheat. 27Da guys dat work fo da owna go by him an tell, 'Eh boss,
da seeds you wen plant inside da field, was good, o wat? How
come get weeds?'

28 "He tell um, 'One guy dat hate me wen plant um ova dea.'

"Da worka guys say, 'You like us go pull out da weeds?'

29 "He say, 'No, I no like. If you guys do dat, you goin pull
out da wheat too. 30Let um grow togedda till dey stay ready. Den
pull out da weeds firs, an tie um togedda fo burn. Den cut da
wheat, an put um inside da barn.'"

Da Mustard Seed Story

(Mark 4:30-32; Luke 13:18-19)

31 He teach da peopo wit anodda story. He say, "Everytime
wen God in da sky stay king, dass jalike one mustard seed. If get
one guy dat plant da mustard seed inside his field, 32dat kine seed
da mos smallest seed den all da odda seeds. But wen dat seed
grow, da plant come big, mo big den all da odda plants, an come
big jalike one tree. Get birds dat come an make dea nest inside da
branches."

Da Yeast Story

(Luke 13:20-21)

33 He teach da peopo wit anodda story. He say, "Everytime
wen God in da sky stay king, dass jalike wen one wahine take
yeast an mix um wit plenny dough. Bumbye da whole dough goin
come mo big, cuz a da yeast."

How Come Jesus Tell Stories Fo Teach

(Mark 4:33-34; Psalm 78:2)

34Jesus wen teach plenny peopo plenny stuff wit ony
stories. He neva teach um wit odda kine stuffs. 35 He do um lidat
fo make um happen jalike da guy who wen talk fo God wen say
befo time,

"I goin teach um wit stories,
I goin tell stuff dat nobody know
From dat time wen God make da world till now."

Wat Da Story Bout Da Weeds Mean

36 Jesus wen go way from da peopo, fo go inside his house.
Da guys he stay teaching wen come by him, an say, "Dat story bout
da weeds inside da field, wat dat mean?"
37 He say, "Da farma dat plant da good seed, dass me, Da Guy
Dass Fo Real. 38 Da field, dass da world. Da good seed, dass da guys
who get God fo dea King. Da weeds, dass da guys who stick wit da
Bad Guy, da Devil. 39 Da guy dat hate da farma an plant da bad seed,
dass da Devil. Wen da plants stay ready, dass da time wen da world
goin pau. Da workas, dey da angel guys from da sky. 40 All dat mean,
wen dey pull out da weeds an burn um inside da fire, dass jalike goin
be wen da world goin pau. 41 I da Guy Dass Fo Real, you know, an
I goin send my angel guys fo pull out from da place wea I stay king,
all da guys dat broke God's Rules, an tell da odda guys fo broke da
Rules too. 42 Den dey goin throw um inside wea ony get plenny fire.
Dea dey goin cry real hard an grind dea teeth. 43 Den da guys dat
doing da right tings goin stay wit dea Fadda da King, an be awesome
an shine jalike da sun. If you hear dis, make shua you listen.

Da Rich Stuff One Guy Hide

44 "Everytime wen God in da sky stay king, dass jalike had
rich kine stuff dat one guy wen hide inside one field. Get one
nodda guy dat find um, an den he hide um one mo time. He stay
good inside. He sell all his stuffs, fo buy dat field.

Da Pearl Story

45 "Everytime wen God in da sky stay king, dass jalike one
trader guy dat looking fo good kine pearls. 46 He find one pearl
dat cost plenny money. He sell all his stuffs, fo buy um.

Da Net Story

47 "Everytime wen God in da sky stay king, dass jalike wen
dey throw one net inside da ocean, an get any kine fish. 48 Wen da
net come full, da fisha guys bring um on top da beach. Dey put
da good kine fish inside one bucket, an throw out da rubbish kine

fish. 49 Dass how goin be wen da world goin pau. Da angel guys
from da sky goin go all ova da place, an take away da bad guys
from da guys dat stay do wat God's Rules say. 50 Dey goin throw
da bad guys inside wea ony get fire. Dea dey goin cry real hard
an grind dea teeth.

Da New Kine Stuff An Da Old Kine Stuff

51 "Eh! You guys undastan all da stuff I telling you?"

Dey say, "Yeah, yeah, we undastan."

52 He tell um, "All da teacha guys dat teach God's Rules,
an den go learn all dis odda stuff about God an how he da King
in da sky, dey jalike one rich guy dat bring out from his place new
kine stuff an old kine stuff too."

Da Nazaret Guys, Dey No Mo Respeck Fo Jesus

(Mark 6:1-6; Luke 4:16-30)

53 Jesus pau teach all dis kine story. Den he go way from
dea. 54 He wen go his own place, an teach inside da Jewish church
ova dea. Da peopo, wen blow dea minds, an dey say, "Eh, from
wea he get all dese smarts? From wea he get da power fo do all
dis awesome kine stuff? 55 Dass da carpenta boy, yeah? His
mudda, Mary. An his brudda guys, James, Joseph, Simon, an
Judas, yeah? 56 His sistas, dey stay hea wit us. So, from wea he
get all dis stuff?" 57 Wen bodda dem, how he stay.

But Jesus tell um, "One guy who talk fo God get choke
respeck. But he no mo respeck notting inside his own town an his
own ohana." 58 Az why Jesus ony do litto bit awesome stuff ova
dea, cuz dey no trus him.

John Da Baptiza Guy Wen Die

(Mark 6:14-29; Luke 9:7-9)

14 1 Dat time, King Herod hear bout all da stuff Jesus stay
doing. 2 He tell his worka guys he figga, "Dis guy gotta be
John da Baptiza. He die, an now he come back alive. Dass why
he get da power fo do all dis awesome kine stuff."

3 Dis wat wen happen. Befo time, you know, Herod wen

tell his guys fo grab John, an put chain on top um, an throw um
inside da prison. Herod do dat cuz a Herodias, his brudda Philip's
wife. 4 Cuz John wen tell him, "God's Rules say, 'You not
suppose to take yoa brudda's wife.' " 5So den, Herod wen like kill
him, but den, he scared da peopo, cuz dey all tink John talk fo God.

6 Herod wen go make one big party fo his birtday. Herodias
girl wen dance in front everybody, an Herod wen like da dance
plenny. 7He tell her, "Wateva you like, I swear to God I goin give
um to you." 8Her mudda wen tell her, "Go aks fo John da Baptiza
head on top dis big plate!" So she wen go do wat her mudda say.

9 Da ting she wen aks fo wen bodda King Herod. But he
wen swear to God in front all his friends, so he tell his guys, "Go
do um." 10So den dey wen chop off John da Baptiza head inside
da prison. 11Dey put his head on top da big plate, an give um to
da girl. Den she wen take um to her mudda. 12Da guys dat John
wen teach come an take his body, an bury him. Den dey go tell
Jesus wat wen happen.

Jesus Feed Five Tousand Guys

(Mark 6:30-44; Luke 9:10-17; John 6:1-14)

13 Wen Jesus find out wat happen to John, he go inside one
boat fo go one place wea nobody stay. Plenny peopo from all da
towns aroun dea wen find out wea he wen go, so dey go dea too.
14Wen Jesus go outa da boat, he spock all da peopo. He get pity
fo dem, an he make all da sick guys ova dea come good.

15 Wen da sun stay going down, his guys come by him an
say, "Ho ka, pau hana time awready! An ova hea no mo notting
fo eat. Tell da peopo fo go way. Tell um, 'Go inside da towns, fo
buy someting fo eat!' "

16 But Jesus tell um, "Nah! Dey no need go way. You guys,
you give um someting fo eat."

17 Dey say, "We no mo notting. Ony get five small breads
an two fish."

[18] He say, "Give um to me." [19]He tell all da peopo fo sit
down on top da grass. An dey sit down. He take da five breads
an da two fish, an look up to da sky, an say, "Eh God! You good
heart fo give us guys all dis!" He broke da bread, an give um to
his guys, an da guys give good piece bread to all da peopo. [20]Dey
all eat an wen come full. His guys pick up twelve big baskets full
wit all da lefovas. [21]Had five tousand guys dea dat eat da bread,
plus had wahines an kids too.

Jesus Walk On Top Da Water

(Mark 6:45-52; John 6:15-21)

[22] Right den Jesus tell his guys fo go inside da boat, an go
da odda side a da lake befo him. He tell all da peopo fo go home.
[23] Afta he tell um fo go, he go up on top da mountain fo pray.
Wen dark time wen come, he still yet dea by himself. [24]Da boat
stay in da middle a da lake, an da wind was blowing real hard
agains dem, an da waves stay rocking da boat. [25] Early, early time
in da morning, Jesus come by dem, walking on top da water. [26]His
guys spock him walking on top da water, an dey come scared an
yell, "Eh, get one ghost!"

[27] Right den an dea Jesus tell um, "Eh, no scared. Dis ony
me! Make strong!"

[28] Peter say, "Boss, if dass you, tell me fo go by you on top
da water."

[29] Jesus say, "Come, den."

Peter climb outa da boat, an walk on top da water fo go by
Jesus. [30] But wen he see how da wind was, he come scared, an
start fo go down inside da water. Den he yell, "Eh, Boss! Help
me!" [31] Right den an dea Jesus put out his hand an grab him, an
say, "How come you trus me ony litto bit? How come you tink
you no can do um?" [32] Wen dey go back inside da boat, da wind
pau. [33] Den da guys inside da boat go down in front him, an say,
"Wow! Fo real, you God's Boy!"

Jesus Make Da Sick Guys Come Good Gennesaret Town

(Mark 67:53-56)

34 Den dey all go da odda side da lake, an come by Genne-
saret town. 35 Da peopo ova dea know who Jesus, an dey run all
ova da place fo bring da sick guys by him. 36 Dey beg him fo let
da sick guys touch his clotheses. All da guys dat touch his clothes
wen come good.

Wat Da Peopo Teach Long Time Ago

(Mark 7:1-23; Exodus 20:12; Deuteronomy 5:16; Isaiah 29:13)

15 1 Afta dat, some Pharisee guys an teacha guys dat teach
God's Rules wen go from Jerusalem by Jesus, an say,
2 "Eh, no good how dey do, da guys you teaching! How come dey
no do wat our ancestor guys wen teach us from long time ago?
Dey no wash dea hands da right way befo dey eat."

3 Jesus tell um, "Yoa ancestor guys wen teach all kine stuff.
How come you do dat kine stuff, but you no do wat God's Rules
say? 4 God say, 'Get respeck fo yoa fadda an mudda.' An he say
dis too, 'Da guy dat swear at his fadda o mudda, gotta kill him.'

5 "But you teacha guys say, 'If one guy get someting, an he
can use um fo help his fadda o mudda, he can say, "I no goin use
um fo help you guys, cuz bumbye I goin give um to da temple."
6 Den da guy no need show respeck fo his fadda o mudda.' Dass
wat you guys say. You guys make no good wat God wen say, so
you can stick wit da stuff yoa ancestor guys wen teach.

7 "You guys say one ting an do anodda! Da guy Isaiah wen
talk fo God long time ago, an fo shua he talking about you guys!
He say,

> 8 'God wen say, "Dese guys say dey get respeck fo me,
> But inside dea heart dey stay far from me.
> 9 Dey go down an pray to me,
> But dey ony wase time,
> Cuz dey no mo love an respeck fo me.
> Wat dey teach,
> Dat ony wat peopo say we gotta do." ' "

Wat Make You Pilau Inside

10 Jesus tell all da peopo, "Come. Listen an try undastan!
11 Wat you guys put inside yoa mout no mean you pilau inside so
you no can pray, but wat come outa yoa mout, dat make you pilau
inside."

12 Da guys he teaching come an say, "Eh, you know, da
Pharisee guys, dey huhu wit you, cuz dey wen hear wat you wen
say."

13 He tell um, "Dey jalike plants dat my Fadda in da sky
neva plant, an he goin pull out anybody dat try make lidat. 14 Foget
dem awready! Dey jalike one blind guy going aroun, showing
anodda blind guy wea fo go. Bumbye da two blind guys goin fall
down inside one hole."

15But Peter say, "Try tell us wat you mean about da stuff
going inside da mout."

16 He say, "Wot! You guys no can undastan still yet? 17You
guys no can figga dis. Wateva go inside da mout, go inside da
stomach, an bumbye come out. 18But wateva come out from da
mout, dat come from inside da heart, an dass wat make us pilau
inside so we no can pray. 19Any kine bad kine stuff come out
from inside da heart. Dass why everybody figga how dey can do
bad kine stuff. Dass why dey kill peopo; o dey married an go
fool aroun; o dey not married an dey still yet go fool aroun; o dey
rip off da odda guy; o dey bulai bout da odda guy; o dey talk stink.
20 All dat kine bad stuff come from inside, dass why da guy stay
pilau inside so he no can pray. But if get one guy dat no wash his
hands da right way, an den he eat, dat no goin make um pilau
inside."

One Wahine Trus Jesus

(Mark 7:24-30)

21 From dea Jesus go Tyre an Sidon side. 22An you know
wat? Get one wahine dea from da Canaan peopo who come an
yell, "Boss, you from King David ohana. Pity me an give me
chance! My girl get one bad kine spirit dat wen take ova her an
make her suffa plenny." 23But Jesus neva say notting.

Den his guys come an beg him, "Eh, make her go way, cuz she stay following us an yelling."

24 So Jesus wen tell her, "My Fadda wen send me ony fo help da Israel ohana peopo, cuz dey jalike da sheeps dat stay lost. He neva send me fo help all da odda peopo."

25 But da wahine go down in front him, an say, "Boss, try help me!"

26 He say, "No good take da food from da kids an throw um down to da dogs."

27 She say, "Dass right, Boss. But eh, even da dogs unda da table eat wat fall down from da table, yeah?"

28 Jesus tell her, "Eh sista! You trus me fo real kine! Da way you like, dass how goin be." An right den an dea, her girl come good.

Jesus Make Plenny Peopo Come Good

29 Jesus hele on from dea, an go by Galilee Lake. He go up
one hill an sit down. 30 Plenny peopo come by him, an dey bring
da guys dat no can walk, da guys dat no can see, da guys dat no
can move da arm o da leg, da guys dat no can talk, an plenny odda
guys. Dey bring um wea Jesus stay, an he make um all come good.
31 An all da peopo, wen blow dea minds wen dey see da guys dat
no can talk, talk. Da guys dat no can move da arm o da leg, move
um. Da guys dat no can walk, walk. Da guys dat no can see, see.
Da peopo say, "God do dis! He da same God dat our ancestor guy
Israel wen pray to, an he awesome!"

Jesus Feed Four Tousand Guys

(Mark 8:1-10)

32 Jesus tell his guys fo come by him, an he say, "Eh, I get pity fo dese peopo. Dey stay hea wit me three days awready, an dey no mo notting fo eat. I no like send um away hungry, cuz bumbye dey pass out on da way home."

33 But his guys say, "Eh, we stay hea inside da boonies, you know. An get plenny peopo. Wea we goin find nuff food fo feed um?"

34 But Jesus say, "How much bread you guys get?" Dey
tell him, "Seven small bread, an get litto bit fish."
35 So Jesus tell da peopo fo sit down on top da ground.
36 An he take da seven bread an da fish, an tank God fo um. Den
he broke um, an give um to his guys. Dey give um to all da peopo.
37 Dey all wen eat an come full. An Jesus guys pick up da lefovas,
seven big baskets full. 38 Had about four tousand guys dea who
wen eat, plus had wahines an kids too.
39 Den he tell um, "Go home, now." An he climb inside
one boat, an go Magadan side.

Show Proof!

(Mark 8:11-13; Luke 12:54-56)

16 1 Da Pharisee guys an da Sadducee guys wen go by Jesus
fo try make um look shame wit his own words. Dey say,
"Eh! Do someting awesome lidat, so us guys can see da proof dat
you come from God."
2 He tell um, "Wen da sun going down, you guys say, 'Goin
get good weather, cuz da sky red.' 3 Early morning time, you guys
say, 'Goin get bad weather today, cuz red da sky an get dark
clouds.' You guys know how fo figga da weather from da sky,
but you guys no can even figga wat stay happening nowdays.
4 You guys stay doing bad kine stuff, an jalike you stay fooling
aroun behind God's back. Dass why you guys telling me you like
see proof lidat. You guys no goin see notting. Da same ting jalike
wen happen to da guy Jonah, dass da ony proof you guys goin
see!" Den Jesus go way from dem.

Wat Da Pharisee Guys An Da Sadducee Guys Teach

(Mark 8:14-21)

5 Jesus guys go come by him ova dea da odda side da lake.
But den dey wen foget da food. 6 Jesus tell um, "Watch out! Watch
out fo da Pharisee guys an da Sadducee guys! Dey jalike da yeast
dat make da bread dough mo bigga."
7 Jesus guys talking, an trying fo figga out wat he mean.
Dey say, "He talking lidat cuz we neva bring da food."

8 Jesus wen know wat dey talking about, an he say, "Eh!
How come you guys talk bout no mo food? You guys trus me ony
litto bit, still yet? 9You guys no undastan, still yet? Wen I wen
broke da five breads fo da five tousand guys, how much baskets
you guys wen pick up afta? Tink about dat. 10Da seven breads dat
wen feed four tousand guys, how much baskets you guys wen
pick up afta? 11How come you guys no undastan, I no talking
about food? Dass why I say, watch out fo da yeast from da
Pharisee guys an da Sadducee guys." 12Den dey wen undastand
dat he not talking bout da yeast inside da bread. He telling um fo
watch out cuz no good da kine stuff da Pharisee guys an da
Sadducee guys stay teaching.

Wat Peter Say Bout Jesus

(Mark 8:27-30; Luke 9:18-21)

13 Jesus dem stay going Caesarea Philippi side. He aks da
guys he teaching, "Eh, I da Guy Dass Fo Real, but who da peopo
tink me?"

14 Dey say, "Get guys dat say you John da Baptiza Guy.
An get odda guys dat say you Elijah. Get mo odda guys dat
say you Jeremiah, o one nodda guy who wen talk fo God long
time ago."

15 Jesus aks dem, "Kay den, wat about you guys? Who you
tink me fo real kine?"

16 Simon Peter say, "You da Christ Guy, da Spesho Guy
God Wen Send. Da God who alive fo real kine, you his Boy."

17 Jesus say, "Eh, John's boy! Simon! You can stay good
inside cuz you know dat. No mo nobody from dis world wen teach
you dat. My Fadda in da sky, he wen teach you dat. 18I tell you,
yoa name Peter, an dat mean 'rock'. On top dis rock I goin make
my church. Da power dat come from Hell an kill peopo no goin
win ova my church guys. 19I goin let you take charge fo teach
da peopo dat get God fo dea King. If you say 'No can' ova hea
inside dis world, God in da sky goin say 'No can' too. An if you
say 'Dass okay' ova hea inside dis world, God in da sky goin say
'Dass okay' too." 20Den he tell his guys, "Make shua you guys no
tell nobody dat I da Christ Guy, da Spesho Guy God Wen Send."

Jesus Say He Goin Mahke An Come Back Alive

(Mark 8:31-38; Luke 9:22-27)

21 Jesus wen start fo show da guys he teaching how he gotta
go Jerusalem an suffa plenny ova dea. All da olda leada guys, da
main priest guys, an da teacha guys dat teach God's Rules, dey
da ones dat goin make Jesus suffa, an dey da ones dat goin kill
him. But he goin come back alive afta three days.
22 Peter take him on da side an tell him. He say, "Eh! No
way, Boss! No way dass goin happen to you!"
23 But Jesus wen turn aroun an tell Peter, "Eh, move outa
my way, Devil! You ony trying fo jam me up. Cuz you tink
jalike da peopo tink, not jalike God tink."
24 Jesus tell his guys, "Whoeva like stay wit me, dey gotta
make up dea mind dat dey not goin be dea own boss no moa. Goin
be hard, jalike dying on top one cross. An den dey can stay wit
me. 25 Cuz whoeva like keep dea own life, goin lose um, but
whoeva give up dea life fo me cuz dey my guy, dey goin get um
an live fo real kine. 26 Dis poho: one guy get everyting inside dis
world, but he end up losing himself, an no mo life inside. You
tink you rich enuff fo buy back yoa life? 27 I da Guy Dass Fo Real.
I goin come back wit God's angel messenja guys from da sky.
Goin be awesome, cuz my Fadda, he awesome. Den I goin pay
back everybody fo wat dey wen do, good kine o bad kine. 28 Dass
right! An I like tell you guys dis too. Get some guys standing ova
hea. Dey no goin mahke till dey see me, da Guy Dass fo Real,
come fo be king."

Jesus Look Diffren On Top Da Mountain

(Mark 9:2-13; Luke 9:28-36)

17 1 Afta six days, Jesus wen take Peter, James, an James
brudda John wit him up on top one big mountain wea neva
have nobody. 2 Den, da same time dey stay looking at him, Jesus
wen start fo look diffren in front dem. His face wen shine jalike da
sun, an his clotheses wen come shiny kine jalike one bright light.
3 An you know wat? Right den an dea Moses an Elijah from long time
befo wen come outa no wea, an dey stay talking wit Jesus.

4 Den Peter tell Jesus, "You know wat, Boss? Good we
stay ova hea! If you like, I goin make house ova hea, one fo you,
one fo Moses, one fo Elijah."
5 Peter still talking, an you know wat? Had one bright cloud
go ova dem. Den, one voice from inside da cloud say, "Dis my
boy! I get plenny love fo him. I feel real good inside cuz a him.
Eh, listen to him!" 6 Da guys hear da voice, an dey come real
scared, an dey put dea face on top da ground.
7 Jesus go by dem, an touch um, an say, "Get up! No
scared!" 8 Wen dey look up, dey see ony Jesus.
9 Afta dat, Jesus guys stay going down da mountain, an
Jesus tell um, "You guys wen see someting real spesho. No tell
nobody wat you guys wen see. I Da Guy Dass Fo Real. I goin
mahke, an I goin come back alive afta I mahke. Ony dat time, you
guys can tell peopo wat you guys wen see."
10 Jesus guys aks him, "Eh, da teacha guys dat teach da
Rules from God, how come dey say Elijah gotta come back firs
befo God's Spesho Guy goin show up?"
11 He say, "Dass right. Elijah gotta come back firs an make
everyting ready fo God's Spesho Guy. 12 But I telling you, one
guy jalike Elijah wen come awready, an da peopo neva know who
him. Dey even wen make um any kine. An me, da Guy Dass Fo
Real, same ting, dey goin make me suffa lidat too." 13 Den his
guys wen figga dat wen he talk about Elijah coming back, he mean
John da Baptiza Guy.

Jesus Throw Out Da Bad Kine Spirit From One Boy

(Mark 9:14-29; Luke 9:37-43a)

14 Jesus an his three guys come by choke peopo. One guy
from ova dea wen go by him, an go down on his knees. He say,
15 "Boss, try pity my boy! He fall down an start fo shake plenny,
an suffa real bad. Plenny times he fall down inside da fire o inside
da water. 16 I wen bring um ova hea by da guys you stay teaching,
but dey no can make him come good."
17 Jesus say, "You guys! Nowdays nobody stay trus God!
You guys head, all any kine! How much time still I gotta put up
wit you guys? Bring da boy ova hea!"

18 Den Jesus talk strong to da bad kine spirit. Den da spirit
let go da boy. Right den an dea da boy wen come good.
19 Jesus guys go by him wen neva have nobody, an aks
him, "How come we no can throw um out?"
20 He say, "Cuz you guys neva trus God nuff, az why. An
I telling you guys dis too. if you guys trus God ony litto bit, jalike
da smallest mustard seed, you can tell dis mountain, 'Go move
ova dea,' an da mountain goin go. No goin get notting dat you
guys no can handle. 21 [But ony get one way fo make dis kine bad
spirit let peopo go, you know. You gotta skip food so you can
pray mo hard."]

One Mo Time Jesus Say He Gotta Mahke An Come Back Alive

(Mark 9:30-32; Luke 9:43b-45)

22 Den all Jesus guys wen come togedda wit him, Galilee
side, an Jesus wen tell um, "I da Guy Dass Fo Real, you know.
But den get peopo dat goin set me up an bus me. 23Dey goin kill
me, an afta dat, da third day I goin come back alive." Dat make
Jesus guys come real sad.

Jesus Pay Da Tax Fo Da Temple

(Exodus 30:11-16)

24 Den Jesus an his guys go Capernaum town, an da guys
who take money fo tax go by Peter an say, "Yoa teacha pay da
tax fo da temple, yeah?"
25 He say, "Yeah, he pay um."
Wen Peter go home, Jesus talk firs, an say, "Eh Simon! Try
tell me wat you tink bout dis. All da kings inside da world, from wea
dey take da tax from? From dea own peopo, o from da odda peopos?"
26 He say, "From da odda peopos."
Jesus say, "Den dea own peopo no need pay, yeah? 27But
if us guys no pay um, da tax guys goin tink bad about us guys. So,
go by da lake, an drop one line inside da water. Da firs fish you catch,
open da mout. You goin find one silva coin inside. Take dat coin to
da tax guys. Dat goin be enuff fo me an you."

Who Da Numba One Guy?

(Mark 9:33-37; Luke 9:46-48)

18 1 One nodda time da guys Jesus teaching come by him, an
aks him, "From all da guys dat make God in da sky dea
king, who da numba one guy?"
2 Jesus tell one small kid fo come, an he put um in front
dem. 3 He say, "I tell you guys dis fo shua. If you guys no change
an start fo tink jalike one litto kid, no way God in da sky goin be
yoa king. 4 Da guy dat like everytime take care da odda peopo
befo him, jalike dis small kid, dat guy goin come numba one wea
God in da sky stay king. 5 Whoeva take in one small kid jalike dis
one, cuz da kid stay tight wit me, same ting, dat guy take me in."

No Good, Make Peopo Do Bad Kine Stuff

(Mark 9:42; Luke 17:1-2)

6 Den Jesus say, "Dese small kids hea, dey trus me! If
somebody try make um so dey no like trus me no moa, mo betta
take one big stone from da mill, an tie um aroun da guy, den throw
him inside da ocean fo drown!
7 "Auwe! Da peopo hea inside da world, dey goin get it!
Cuz get guys ova hea who try fo make odda guys do bad kine
stuff! Fo shua, goin get peopo dat like make odda guys do bad
kine stuff. But auwe! Da guy dat make one nodda guy try do um,
he goin get it!
8 If yoa hand o yoa leg make you do bad kine stuff, cut um
off an throw um away! Mo betta you live foeva, no matta you no
mo hand o leg. No good you get da hand an da leg, an dey throw
you inside da fire dat stay burning foeva. 9 If yoa eye make you
do bad kine stuff, pull um out an throw um away! Mo betta you
live foeva wit one eye. No good you get two eyes an dey throw
you inside Hell wea get plenny fire."

Da Sheep Dat Stay Lost

(Luke 15:3-7)

10 Jesus say, "Watch out dat you guys no tink you mo betta
den one a dese small kids hea. I tell you guys, dey get spesho

angel guys in da sky dat everytime stay wea dey can talk to my Fadda up dea, any time dey like. [11-13]How you guys figga wat one farma guy goin do? If he get hundred sheeps, an one sheep stay lost, he goin let da ninety nine odda sheeps stay ova dea by demselves on top da hill, an go look fo da one sheep dat stay lost, yeah?

I tell you fo shua, wen he find um, he feel mo good inside fo da one sheep he wen find, den fo da ninety nine sheeps dat neva get lost. [Me, I Da Guy Dass fo Real. I wen come fo take da guys dat stay lost outa da kine bad stuff dey doing.] [14]Dass why my Fadda in da sky no like if even one a da small kids hea stay lost."

If Yoa Brudda Do Bad Kine Stuff

(Luke 17:3; John 8:17; Deuteronomy 19:15)

15 An Jesus say, "If yoa brudda do bad kine stuff to you, go tell him wat he wen do. But go by yoaself. If he listen, den he goin come jalike yoa brudda again. [16]But if he no like listen, take one o two odda guys wit you an tell him one mo time, cuz jalike da Bible wen say from befo time, 'Fo everyting, need two o three guys fo tell wat dey wen see an hear, so you know fo shua wat wen happen.' [17] If he no like listen to dem, den go tell all da church guys. An if he no like listen to dem, make to him jalike he one guy dat no trus God, o jalike he one crooked guy dat take money fo tax.

Wen You Say 'Can' o 'No Can'

18 "I tell you guys, if you say 'No can' ova hea inside dis world, God in da sky goin say 'No can' too. An if you guys say 'Dass okay' ova hea inside dis world, God in da sky goin say 'Dass okay' too. [19]I tell you guys one mo time, if two a you guys inside dis world pray togedda to God fo da same ting, my Fadda in da sky goin make um happen fo you guys. [20]Cuz weaeva two o three guys come togedda cuz dey my guys, I stay right ova dea wit dem."

Da Worka Guy Dat No Like Let Da Odda Guy Go

21 Den Peter go by Jesus an say, "Eh, Boss, how much
times my brudda can do bad kine stuff to me, an I gotta let him
go? Seven times, o wat?"

22 Jesus tell him, "No, not ony seven times, but seventy
times seven."

23 Den Jesus say, "Dass how you guys gotta make. Cuz
everytime wen God in da sky stay king, dass jalike get one king
dat check out wat money his worka guys owe him. 24He sit down,
an dey bring one worka guy by him dat owe um uku paila money.
25But da worka guy no mo money fo pay him, so da king tell da
odda worka guys, 'Kay den. Go sell da guy fo make him one
slave, an sell his wife an his kids too, an everyting he get. Dass
how he goin pay wat he owe.'

26 "But dat worka guy go down an beg um. He say, 'Ah,
Boss, try wait! Give me chance! I goin pay you back all da
money.' 27Da king get pity fo him, so he let um go, an tell him,
'No need pay notting.'

28 "Den dat same worka guy go outside, an spock one
nodda worka guy who owe him litto bit money. He grab him by
da neck, an tell him, 'You owe me money! You betta pay me
back!' 29Da odda worka guy go down an beg um, 'Try wait! Give
me chance! I goin pay you back all da money.'

30 "But da firs worka guy no like wait, so he tell da guards
fo put da odda guy inside da prison till he can pay wat he owe
him.

31 "Da odda worka guys see wat wen happen, an dey all
bum out. Dey go tell da king everyting dat wen happen. 32Den da
king tell da firs worka guy fo come, an say, 'You so unreal! You
one bad worka guy! You wen beg me. I wen let you go, an tell
you dat you no need pay me back notting. 33But how come you
no show pity fo da odda guy, jalike I wen show fo you?' 34Da
king stay real huhu. He give da guy to da guards inside da prison
fo torture him, till he pay everyting he owe."

35 Den Jesus say fo finish, "My Fadda in da sky goin do
lidat to all you guys, if you no let yoa brudda go fo real kine inside
yoa heart, fo all da bad kine stuff yoa brudda wen do to you."

No Throw Out Yoa Wife

(Mark 10:1-12; Genesis 1:27; 2:24; 5:2; Deuteronomy 24:1)

19 1 Afta Jesus pau teaching, he go way from Galilee side, an
go wea da Judea side start, da odda side a da Jordan River.
2 Had plenny peopo wen go by him, an he wen make da sick guys
come good ova dea.
3 Had some Pharisee guys dat wen go by Jesus fo try trap
him from wat he goin tell um. Dey aks him, "Inside God's Rules,
az right, o wat, fo one guy go throw out his wife fo jus anyting?"
4 He say, "You guys neva read inside da Bible, dat wen
God wen make da world, he make one guy an he wen make one
wahine. 5 An God say, 'Cuz I wen do dat, da guy no goin stay wit
his mudda an fadda no moa, he goin stay wit his wife, an da guy
an da wahine goin be jalike one body.' 6 So dey not two peopo no
moa, dey one body. Wat God wen put togedda, da peopo betta
not broke um up."
7 Dey aks him, "Den how come Moses wen tell, 'Fo get
one divorce, gotta give da wife one paper, den let her go'?"
8 Jesus tell dem, "Cuz all you guys so hard head, dass why
Moses wen let you guys throw out yoa wife. But I telling you
guys dis. Wen God wen make da world, dat time notting was lidat.
9 An I tell you guys dis too. If one wahine neva go fool aroun, an
her husban still yet go throw her out, an den he marry one nodda
wahine, da firs one still yet stay his wife. Da guy ony fooling
aroun da secon wahine."
10 Jesus guys say, "Eh, if dass how stay, mo betta no
marry."
11 But Jesus say, "Everybody no can handle dis, ony da
guys God help fo do um, dey can handle. 12 Cuz get guys dat no
can marry cuz dey born lidat. An get odda guys dat no can marry

cuz peopo wen make um lidat. An get mo odda guys dat no marry cuz dey like ony work fo God, da king in da sky. Whoeva can handle dis, let him do um."

Jesus Pray Fo Da Small Kids

(Mark 10:13-16; Luke 18:15-17)

13 Da peopo wen bring dea small kids by Jesus, cuz dey
like him fo put his hands on top dea heads an pray. Den Jesus
guys wen scold um. 14 But den Jesus wen say, "Let da kids come!
No stop dem! Cuz da peopo who make God dea king, inside
demselves dey jus like dese kids." 15Den Jesus wen put his hands
on top da kids heads, an afta dat, he wen go way.

Da Young Guy Dat Get Plenny Stuff

(Mark 10:17-31; Luke 18:18-30; Exodus 20:12-16; Deuteronomy 5:16-20)

16 An you know wat? One guy go by Jesus, an say, "Eh, Teacha! Can aks you one question? Wat good ting I gotta do fo live foeva?"

17 Jesus say, "How come you aks me bout da 'good ting'? Ony get one Guy dat stay good fo real kine, dass God. If you like live foeva, you know God's Rules. Go do um, den."

18 Da guy say, "Wat rules?"

Jesus say, "No go kill nobody, no go fool aroun behind da
odda's back, no rip off nobody, no bulai any kine bout nobody,
19 show respeck fo yoa mudda an fadda, get love fo da odda guy
jalike you get love fo yoaself."

20 Da young guy say, "Ho, Teacha! I do all dat stuff. Wat mo I gotta do?"

21 Jesus tell um, "If you like come perfeck kine, go sell all
da stuffs you get, an give da money to da poor peopo. Den come
wit me fo be my guy. An garans you goin get da real kine rich
stuff in da sky." 22Da young guy wen hear dat, an he wen come
real sad, so dat he wen go way, cuz he get plenny rich stuffs dat
he neva like sell.

23 So, Jesus tell his guys, "I tell you guys fo shua, az why
hard fo one rich guy fo go make da Boss Above his king. 24I telling

you guys one mo time, stay mo easy fo one camel go thru da puka
inside one needle, den fo one rich guy fo make God his king."
25 His guys wen hear dat. Wen blow dea minds, an dey
say, "Eh, if dass how stay, who can get outa da kine bad stuff
he stay inside, den?"
26 Jesus look strait at dem, an tell, "No mo nobody dat can
do um, but ony God, he da one dat can do um."
27 Den Peter wen tell, "Eh, Boss, try listen! We wen give
up everyting we get fo go wit you. Wat we goin get fo dat?"
28 An Jesus say, "Az right! An I tell you, I da Guy Dass Fo
Real. Wen everyting come new, an wen I sit on top my awesome
throne, you guys who stay my guys right now, goin sit down on
top da twelve thrones an be da judges fo da peopo inside da twelve
Israel ohanas. 29 Whoeva give up his home, his bruddas, his sistas,
his fadda an mudda, his kids, his land, cuz he my guy, bumbye
dat guy goin get hundred times mo plenny, plus, he goin live
foeva. 30 Goin get plenny guys who like make demself come firs,
but bumbye dey goin come last. An get plenny guys who like
make demself come last, but bumbye dey goin come firs.

Da Grape Farm Worka Guys

20 1 "I like tell you guys one story bout wat goin happen wen
God in da sky stay king. Dass jalike one boss guy dat own
one grape farm. Da firs ting in da morning da owna go out fo
look fo guys dat like work fo him on top his grape farm. 2 He
find some guys who say, 'Yeah, we work fo you fo one day fo
one silva denarius coin.'
"He tell um, 'Kay den, go inside my grape farm an work.'
3 "Den he wen go out about nine clock in da morning. He
spock odda guys standing aroun inside da open market, an ony
do notting. 4 He tell um, 'Go work inside my grape farm too, an I
pay you guys wateva stay right.' So dey wen go. 5 Den he go out
about noon time an again about three clock, an do da same ting.
6 "About five clock he go out one mo time, an spock odda
guys standing aroun, doing notting. He tell um, 'How come you
guys stay hea all day an ony do notting?'

7 “Dey wen say, ‘Cuz nobody like give us job.’
“An he tell um, ‘Den you guys go work inside my grape
farm too.’
8 “Wen da sun wen go down, da grape farm owna guy tell da
luna, ‘Tell da worka guys fo come, an pay um dea money. Start wit
da last guys, all da way to da firs guys.’ 9So da guys come firs who
wen start about five clock, an da luna pay each guy one silva denarius
coin. 10Wen da firs guys dat start early come, dey wen tink dey goin
get mo money. But each guy wen get one silva denarius coin too.
11 “Wen dey get dea pay, dey start fo grumble to da boss
owna guy. 12Dey say, ‘Eh, dis not right! Da last guys wen work
ony fo one hour, but den you give dem da same pay, jalike you
give us. We wen work hard all day, even inside da hot sun!’
13 “But he tell one guy, ‘Eh my friend, I not cheating you.
You wen say you goin work fo one day fo one silva denarius coin,
yeah? 14Kay den, take wat you wen work fo, an go home. I like
give da last guys da same pay I wen give you. 15I can do wat I
like wit my own money, you know. You jealous cuz I good to
dem, o wat?’”
16 Den Jesus tell, “Da guys who come last, goin come firs,
an da guys who come firs, goin come last.”

Da Third Time Jesus Tell He Goin Mahke

(Mark 10:32-34; Luke 18:31-34)

17 Wen Jesus dem was going Jerusalem town, he wen take
his twelve guys by da side a da road by demself, an tell um, 18“Eh,
listen, we going Jerusalem. I da Guy Dass fo Real, you know.
One guy goin turn me ova to da main priest guys an da teachas
who teach God’s Rules. Den dey goin say I gotta mahke. 19Dey
goin turn me ova to da guys dat not Jews. Dey goin play any kine
stuff on me, whip me, an den kill me on top one cross. Da third
day afta I mahke, God goin make me come back alive.”

One Mudda Aks Jesus Fo Do Someting Fo Her Boys
(Mark 10:35-45)

20 Den Zebedee boys an dea mudda wen come by Jesus. She go down in front him, cuz she like aks him fo do someting fo her.

21 He tell her, 'Wat you like?'

She tell him, "Bumbye wen you come king, try let my two boys sit by you, one by yoa right side, an one by yoa left side."

22 Jesus say, "You donno wat you aksing fo. You tink you guys can suffa jalike I goin suffa?"

Dey say, "Yeah, we can handle."

23 He tell um, "Fo shua you guys goin suffa jalike me. But fo sit by my right side an by my left side bumbye wen I come king, dass not mines fo say. My Fadda, he da One who can say dat, an he awready stay make da spesho places ready fo da guys dat suppose to sit ova dea."

24 Wen da odda ten guys hear dat, dey come all huhu wit da two bruddas. 25 But Jesus say, "Eh, all you guys! Come ova hea an listen! You know, da leadas fo da guys who not Jews, dey get any kine power ova dea peopo. Dea main guys get da rights fo tell da peopo wat fo do. 26 But you guys, not goin be lidat wit you. Wit you guys, whoeva like be da leada guy, he gotta take care you guys. 27 Wit you guys, whoeva like be da numba one guy, he gotta do wat you guys tell him. 28 I da Guy Dass Fo Real. I neva come so peopo can take care me. I wen come fo take care dem. I wen come fo give up my life an fo mahke fo help plenny peopo, fo get um outa da bad kine stuff dey stay in."

Jesus Make Two Guys Dat No Can See Come Good
(Mark 10:46-52; Luke 18:35-43)

29 Lata, Jesus dem wen go away from Jericho town, an plenny peopo wen go wit dem. 30 An you know wat? Get two blind guys sitting by da road side. Dey hear dat Jesus going by dem.

So dey yell, “Eh, Boss! You da guy dat suppose to show up from
King David ohana! Try pity us!” 31 Had choke peopo ova dea dat
wen scold dem an tell um fo shut dea mout. But dey wen yell even
mo loud, “Eh, Boss, you da guy from King David ohana! Try pity
us!”

32 Jesus stop an tell um, “Come ova hea! Wat you guys like
me do fo you?” 33 Dey say, “Boss! We like see!” 34 Jesus wen feel
pity fo dem down deep inside, an he wen touch dea eyes. Right
den an dea, dey can see, an dey wen go wit him.

Jesus Go Inside Jerusalem Jalike One King

*(Mark 11:1-11; Luke 19:28-38; John 12:12-19; Isaiah 62:11;
Zechariah 9:9; Psalm 118:26)*

21 1 Den Jesus dem come near Jerusalem an come to Betpage,
da small town on top Olive Ridge. Jesus tell two guys he
teaching, 2 “You guys know dat town ova dea? Go inside dea.
Wen you guys go inside da town, right dea you guys goin find
one donkey dat stay tie up, an her baby donkey stay dea too. Hemo
da rope from da fence, an bring um ova hea fo me. 3 If somebody
aks you guys, ‘Eh, how come you guys stay doing dat?’ tell him,
‘Da Boss need um.’ An right den an dea da guy goin let da
donkeys go.” 4 Dat wen happen fo make come true wat da guy
who wen talk fo God long time ago wen say,

5 “Go tell Zion town,
Eh, look! Yoa king stay coming by you,
He gentle,
He stay riding on top one donkey,
Even one baby donkey.”

6 So, Jesus guys wen go do wat he wen tell um. 7 Dey bring
da donkey an her baby by Jesus. Dey throw dea coats on top um,
an Jesus wen sit on top um. 8 Plenny peopo put dea coats down
on top da road too, jalike fo one king. Odda guys cut branches
from da trees an put um down on top da road fo show respeck fo
him. 9 An plenny guys stay walking in front an behind, yelling,

“Hui! God goin take us outa da bad kine stuff we
stay in!

Dis guy from King David ohana,
God goin do plenny good kine stuff fo him.
He da guy dat come fo da Boss Above!
Da awesome God goin take us outa da bad kine stuff
we stay in!"

10 Wen Jesus go inside Jerusalem, all da peopo was amping, an dey aks, "Eh, who dat?"

11 An plenny peopo wen tell um, "Dass da Guy who talk fo God. Az Jesus from Nazaret town, Galilee side."

Jesus Inside Da Temple Yard

(Mark 11:15-19; Luke 19:45-48; John 2:13-22; Isaiah 56:7; 60:7; Jeremiah 7:11; Psalm 8:3)

12 Den Jesus wen go inside da temple yard, an he throw out
all da guys who was buying an selling stuff ova dea. He wen huli
da tables wea dey sell da spesho kine money fo give to da temple,
an da stools fo da guys who sell doves fo sacrifice. 13He tell dem,
"Da Bible say, 'My house goin be one house fo pray inside.' But
you guys stay make um jalike one hangout fo crooks!"

14 Den da blind guys an da guys dat no can walk wen go by Jesus inside da temple yard, an he wen make um come good.

15 But da main priest guys an da teachas who teach God's Rules wen see all da awesome stuff Jesus wen do. An dey see all da kids yelling inside da temple yard. Da kids say,

"Eh! Garans God goin take us outa all da bad kine
stuff we stay in!
Eh! Garans da guy from King David ohana!"

So da priest guys an da teacha guys wen come huhu. 16 Dey
aks Jesus, "Eh, you hear wat dese kids saying? Dass not good!"

But Jesus tell um, "Yeah, I hear um. Wassa matta? You guys neva read wat da Bible say?

'Da babies an da small kids,
You let dem tell all da kine good stuff about you.'"

17 Den he go way from dem, an go Betany, da small town outside Jerusalem, an stay ova dea.

Da Fig Tree Dat No Mo Fruit
(Mark 11:12-14, 20-24)

18 Da nex morning, wen Jesus was going Jerusalem town
one mo time, he wen come real hungry. 19He spock one fig tree
by da road. He go ova dea, an ony find leafs, no mo fruit notting.
He tell um, "You no goin give fruit no moa!" Right den an dea
da fig tree wen dry up. 20His guys wen see dat. Dey say, "Wow!
Quick da fig tree wen dry up!" Dey no can figga dat.
21 Jesus tell um, "Az right! I like tell you guys dis too. If
you guys trus God, an no trus ony litto bit same time, you goin
do jalike I wen do to dis fig tree. You goin even tell dis mountain
ova hea, 'Eh, get up! Throw yoaself inside da ocean,' an goin be
lidat. 22Everyting you aks God fo do, trus um jalike you get um
awready, an dat goin be."

Wat Right Jesus Get Fo Do Wat He Do?
(Mark 11:27-33; Luke 20:1-8)

23 Den he go inside da temple yard, an teach da peopo. Da
main priest guys an da olda leadas fo da peopo wen go by him.
Dey aks um, "Wat right you get fo do dis kine stuff? Who wen
say you can do um?"
24 Jesus tell um, "I like aks you guys one ting. You tell me,
an den I tell you guys wat right I get fo do dis kine stuff. 25 Da
guy John, wen he wen baptize, wea he wen get da right? Was
from da Boss Above? o was from da peopo? Try tell me dat."

Da main priest guys wen make argue wit each odda. Dey
say, "If we tell him, 'From da Boss Above', he goin say, 'How
come you guys neva trus him den?' 26But if we say, 'From da
peopo', no way! You know, us guys scared wat da peopo goin
do, cuz da peopo tink dat John wen talk fo God." 27So dey tell
him, "Eh, we donno."

Den Jesus say, "Kay den, I no goin tell you guys from wea I get da right."

Da Story Bout Da Two Boys

28 “Wat you guys tink about da guy who get two boys? He
wen tell da firs boy, ‘Eh, boy, go work da grape farm today.’
29 “But he say, ‘No. I not going.’ Afta dat da boy feel sorry,
so he go work inside da grape farm.
30 “Da fadda tell da odda boy da same ting, an he say,
‘Yeah, I going.’ But he neva go. 31 How you guys figga? Wat
boy wen do wat da fadda like?”

Dey tell him, “Da firs boy, fo shua.”

Den Jesus say, “Dass right! I tell you guys, da guys who
take money fo tax, an da wahines who fool aroun fo money, dey
goin go inside wea God stay king, befo you guys. 32John da
Baptiza Guy wen teach you guys da right way, an you guys neva
trus him. But da tax guys an da wahines who fool aroun fo money,
dey wen trus him. You guys wen see dat, an you guys still yet
neva come sorry fo all da kine bad stuff you guys wen do, an you
guys still yet neva trus him.”

Da Guys Dat Rent One Grape Farm

(Mark 12:1-12; Luke 20:9-19; Isaiah 5:1-2; Psalm 118:22-23)

33 “Listen to one nodda story. Dis one about da guy who
wen go plant one grape farm. He make one fence aroun um, an
dig one hole inside da ground fo squeeze da grapes, an he build
one watch tower. Den he wen rent da grape farm to some farma
guys. Den he go far away.
34 “Wen time fo cut da grapes, he send some worka guys
fo get his share from da farma guys. 35But da farma guys wen
grab um, an bus up one guy, an kill anodda, an throw stones at
da odda worka guy. 36He send plenny mo worka guys, mo den
befo, an da farmas wen do da same ting to dem, jalike da odda
workas.
37 “In da end he wen send his boy. He say, ‘Eh, dey goin
show respeck fo my boy.’

38 "But wen da farma guys spock da boy, dey tell each
odda, 'Eh, dis da guy goin own da farm. Come, we go kill him
an take ova da farm.' 39So dey grab da boy, an throw him outside
da farm, an kill him.

40 "Kay den, wen da boss who own da grape farm come,
wat you guys tink he goin do to dem?"

41 An da leada guys say, "He goin kill da bad guys, an den
he goin rent da field to some odda guys, who goin give him his
share wen da time come."

42 Den Jesus tell um, "You guys neva read inside da Bible,
o wat? bout da stone dass jalike me.

'Had one big stone,
Da buildas was tinking,
'Poho! Dis stone junk!' An dey no take um.
But dat stone,
Dass da main stone.
Can make da building strong.
Da Boss Above
Wen do dis, yeah?
An dis awesome!'"

43 "I tell you guys, God goin be king fo odda peopo who
do good kine stuff jalike he do, but he no goin be king fo you
guys no moa. 44[I da main stone. Da guy who trip an fall down
on top dis stone, dis stone goin broke him. If dis stone fall down
on top one guy, dis stone goin make him jalike dust."]

45 Wen da main priest guys an da Pharisee guys hear da
stories, dey know Jesus was talking about dem. 46An dey like
grab him fo put him inside prison. But dey scared da peopo, cuz
da peopo wen tink he one guy who talk fo God.

Da Wedding Lu'au Story

(Luke 14:15-24)

22 1 One mo time Jesus tell da peopo mo stories fo teach um.
2He tell um lidis. "Wen God in da sky stay King, dass jalike
one king who make one lu'au cuz his boy goin get married. 3Wen
da time come, he send his worka guys fo tell all da peopo he wen
aks fo come, fo come awready. But his friends neva like come.

4 "So den he send some mo odda workas. He tell um, 'Tell
all da peopo I wen aks fo come, "Eh, listen! I wen kill da cows an da
bestest kine calfs. I wen make all da food ready. Try come!' "
5 "But da peopo he wen tell fo come, dey no care, an dey
go way from da guy. Some guys go back to dea farms, an odda
guys go back dea stores fo do dea own business. 6 Had odda guys
dat wen grab da worka guys, an dey make any kine to da worka
guys, an dey even wen kill da worka guys.
7 "An den da king wen come so wild wit dem, he wen send
his army guys, fo kill da guys who wen kill his workas, an den
da army guys wen burn up da whole town. 8 Den da king tell his
odda worka guys, 'You know, da lu'au fo my boy stay ready now,
but da guys I wen tell fo come, dey not good enuff. 9 So den, I like
you guys go all da main roads, an tell all da peopo you guys see
ova dea fo come da wedding lu'au.' 10 So da worka guys wen go
check out all da roads, an wen bring all da guys dey wen find ova
dea fo da lu'au, Had choke peopo, da good kine guys, an da bad
kine guys.
11 "Da king wen go inside fo look da peopo dat wen come
ova dea, an he wen spock one guy who neva have wedding kine
clothes. 12 He tell da guy, 'Eh, how come you wen come inside
hea, but you no mo wedding kine clothes on?' An da guy neva
have notting fo say. 13 So da king tell his worka guys, 'Eh, tie up
dis guy's hands an feet, an throw um outside inside da dark. Ova
dea goin get peopo dat goin cry real hard an grind dea teeth cuz
dey so wild.' 14 I tell you, God da King tell plenny guys fo come,
but ony goin get litto bit guys he goin pick fo be his own guys."

Da Tax Money Fo King Caesar

(Mark 12:13-17; Luke 20:20-26)

15 Den da Pharisee guys wen start talking togedda how dey
goin catch Jesus from wat he goin tell um. 16 So den dey wen send
da guys dey teaching fo go by him, an some King Herod guys
too. Dey say, "Eh, Teacha, we know you fo real, an you teach da
real kine stuff about wat God like everybody fo do, no matta wat
da peopo tink o who dem. 17 So, wat? God's Rules say, az right
fo pay King Caesar da tax money, o wat?"

18 But Jesus know dey trying fo make um any kine, an he
say, "You guys, you say one ting an do one nodda! How come
you guys trying fo make me say any kine? 19Show me da kine
coin fo da tax." An dey wen show him. 20Jesus say, "Who dis
guy on top da coin? An wass his name?"
21 Dey say, "Dass King Caesar."
An he tell um, "Kay den, give um to Caesar, wat his, an
give to God, wat his!" 22Wen dey hear dat, wen blow dea minds,
an dey wen go way from dea.

Dey Aks If Peopo Goin Come Back Alive Again

(Mark 12:18-27; Luke 20:27-40; Deuteronomy 25:5; Genesis 38:8; Exodus 3:6,15,16)

23 Dat same day had some Sadducee guys dat wen go by
Jesus. Dis how dey teach: If you mahke, you mahke, you no goin
come back alive again. 24So dey aks him, "Eh, Teacha! Da guy
Moses who wen give us God's Rules, he wen say, 'Wen one guy
mahke an he no mo kids, his brudda gotta marry da wife, an make
kids fo carry da name fo da brudda who wen mahke.'
25 "Now den, had seven bruddas ova hea by us. Da oldest
brudda wen marry one wahine, den wen mahke, but neva have
kids. (Dat mean da wahine goin be his nex brudda's wife.) 26 Da
nex brudda wen marry her, an den he wen mahke, an neva have
kids. Da same ting wen happen to da nex brudda. An dis same
ting wen happen wit all da odda bruddas. An all dem guys neva
have kids notting. 27Den afta dat, da wahine wen mahke too.
28 "So, wen da time come wen all da peopo dat wen mahke
come back alive, den who goin be her husban? Cuz dey all wen
marry her."
29 Jesus tell um, "Eh, you guys all jam up, you know. Cuz
you donno wat da Bible say, az why, an you donno God's power.
30Wen da guys dat wen mahke come back alive again, dey goin
be jalike da angel messenja guys in da sky; dat time dey no marry.
31Wot! You guys neva read inside da Bible wat God wen tell you
bout da guys who goin come back alive afta dey mahke? 32God
say, 'I da God dat fo Abraham, an fo Isaac, an fo Jacob.' So I
telling you guys, he not da God fo da mahke guys dat no mo spirit

inside dem. He da God fo da guys dat get one spirit inside dem
dat stay alive."
33 All da peopo wen hear him teach dat, an wen blow dea
minds.

Da Main Rule

(Mark 12:28-34; Luke 10:25-28; Deuteronomy 6:5; Leviticus 19:18)

34 Wen da Pharisee guys wen hear dat he wen shut up da
Sadducee guys, den all a dem wen go by Jesus. 35One teacha who
teach God's Rules wen aks him one question fo try catch um.
36He say, "Eh, Teacha, from all da Rules God wen give us, which
one da main one?"
37 Jesus tell um, "Get love an aloha fo da Boss yoa God,
wit all yoa heart, an wit everyting inside you, an wit how you tink.
38Dis da firs an mos importan Rule God wen give us. 39An da nex
Rule jalike dat one. 'Get love an aloha fo da odda guy jalike you
get love an aloha fo yoaself.' 40All God's Rules, an everyting da
guys who wen talk fo God wen say, come from dese two Rules."

Da Spesho Guy God Wen Send, Whose Boy Him?

(Mark 12:35-37; Luke 20:41-44; Psalm 110:1)

41 Dat time too, da Pharisee guys come togedda by Jesus,
an Jesus aks um, 42"Wat you guys tink? Da Spesho Guy God Wen
Send, whose boy him?"

Dey say, "He from King David's ohana."
43 Jesus say, "Den how come God's Spirit wen tell King
David fo call God's Spesho Guy 'Boss'? Cuz David wen say,

44 'Da Boss Above,
He tell my Boss,
"Sit down ova hea by my right side.
Bumbye I put da guys who hate you
Undaneat you."'

45 "Kay den. David call God's Spesho Guy 'Boss', yeah?
Den how he can be David's boy, same time?" 46An da Pharisee
guys neva have notting fo say. From dat time, everybody scared
fo aks him odda questions.

Da Guys Dat Teach God's Rules An Da Pharisee Guys

(Mark 12:38-40; Luke 11:37-52; 20:45-47)

23 1 Afta dat Jesus tell all da peopo an da guys he teaching, 2"Da teachas who teach God's Rules, an da Pharisee guys, dey get da same job jalike Moses had, cuz dey tell everybody wat fo do. 3So you guys betta do everyting dey tell you guys. But no do jalike dey do. Cuz dey no do da same ting dat dey teach. 4Wat dey teach, jalike dey stay pile up big heavy kine stuffs on top peopo's shouldas, dat real hard fo carry. But dey even no like help da peopo wit dea small finga notting. 5Everyting dey do, dey ony do um so dey can make demselves look good in front da peopo. Dey go aroun an show off stuff da Bible say on top dea heads an arms, an make um look real nice wit real fancy kine religious kine clothes. 6 Dey like sit inside da main place at da lu'au, an on top da main place inside da Jewish churches. 7Dey like da peopo fo talk to dem wit respeck inside da open market, an fo call um 'Teacha'.

8 "But you guys, no let da peopo call you guys 'Teacha'. Cuz you guys get ony one Teacha, da Spesho Guy God Wen Send, an you guys stay brudda brudda. 9No call nobody inside da world yoa 'Fadda', cuz you guys get ony one Fadda, an he stay in da sky. 10No let dem call you 'Boss', cuz you guys get ony one Boss, da Spesho Guy God Wen Send. 11Wit you guys, whoeva yoa leada, he goin help all da odda guys jalike he one worka. 12Whoeva make himself big, God goin make him small. An whoeva make himself small, God goin make him big.

Da Guys Dat Say One Ting An Do Anodda

13 "Auwe! You teacha guys who teach God's Rules an you Pharisee guys, you guys goin get it! You guys say one ting an do anodda. You guys shut da door wea God stay king so da peopo no can go inside. But you guys no like go inside too. An you guys no let da peopo who like go inside go inside.

14 ["Auwe! You teacha guys who teach God's Rules an you Pharisee guys, you guys goin get it! You guys say one ting

an do anodda. You guys no mo shame fo trick da widows an take
away dea house, an same time you guys praying, saying plenny
stuff, so nobody tink you guys ripping off da widows. God goin
get you guys mo den da odda guys.]
15 "Auwe! You teacha guys who teach God's Rules an you
Pharisee guys, you guys goin get it! You guys say one ting an do
anodda. You guys go all ova da ocean an all ova da land fo find
one guy who not one Jew, so you guys can make um come one
Jew. But afta he come one Jew, you guys make him two times
mo worse den you guys, so he going Hell jalike you guys.
16 "Auwe! You guys goin get it! You guys no can see
notting, but you guys try fo show da odda guys wea fo go. You
guys say, 'If one guy swear to God he goin do someting, an he
say, "I swear by da temple", he no need do wat he say. But if he
swear to God an he say, "I swear by da gold inside da temple",
he gotta do um.' 17 Wot! You guys not tinking! You guys no can
see notting! You guys tink da gold inside da temple mo importan
den da temple dat make da gold spesho fo God? No way!
18 "An you guys say, 'Whoeva swear to God dat he goin
do someting, an he say, "I swear by da altar inside da temple", he
no need do wat he say. But whoeva swear to God, an he say, "I
swear by da gift offering on top da altar", dat guy gotta do um.'
19 Wot! You guys not tinking! You guys no can see notting!
You guys tink da gift offering on top da altar mo importan den
da altar dat make da gift offering spesho fo God? No way!
20 "Whoeva swear to God an say, 'I swear by da altar', he
swear to God by all da gifts on top da altar too. 21 Whoeva swear
to God an say, 'I swear by da temple', he swear by da God dat
stay inside da temple. 22 Whoeva swear to God an say, 'I swear
by da sky', dass God's throne, an God sit ova dea. So, if he swear
to God 'by da sky', den he swear by God.
23 "Auwe! You teacha guys who teach God's Rules an you
Pharisee guys, you guys goin get it! You guys say one ting an do
anodda. You guys give one piece to God from ten piece spice,
like da mint, da dill kine spice, an da cummin spice. But you guys
no do da main stuff God's Rules say. You guys no make right to
da odda guys. You guys no give um chance. Dey no can trus you

guys. Dass da main ting. Do dat stuff jalike you guys suppose to,
an no foget da odda stuff too. 24 You guys no can see notting, an
you guys try fo show da odda guys wea fo go! You guys pick out
one small fly from inside da soup, but den you guys jalike da peopo
dat go let da big camel stay inside da soup, an swallow da whole ting!
25 "Auwe! You teacha guys who teach God's Rules an you
Pharisee guys, you guys goin get it! You guys say one ting an do
anodda! Jalike you guys wash da cup an da plate on da outside,
but inside get plenny stuff you guys wen rip off from da odda
peopo, an you guys stash um fo yoaself! 26 You blind Pharisee
guys! Go wash yoa cup an plate inside firs, den da outside goin
be clean too.
27 "Auwe! You teacha guys who teach God's Rules an you
Pharisee guys, you guys goin get it! You guys say one ting an do
anodda! You guys jus like da tomb dey wen paint white so look
good outside, but inside get ony mahke guy bones an all kine pilau
stuff. 28 On da outside, you guys make jalike you doing da right
kine stuff, an peopo tink you guys stay doing um, but inside, you
guys everytime say one ting an do anodda, an you guys stay broke
God's Rules.

God Goin Punish Dem Cuz Dey Say One Ting An Do Anodda

29 "Auwe! You teacha guys who teach God's Rules an you
Pharisee guys, you guys goin get it! You guys say one ting an do
anodda! You guys make big tombs fo da guys who wen talk fo
God, an fix up da tombs fo da guys who wen everytime do da
right ting. 30 An you guys say, 'If we was dea wen our ancestor
guys was living, we neva help dem kill da guys who wen talk fo
God'. 31 Wen you guys say dat, you guys goin show dat you jalike
dem killa guys — you guys dea kids! 32 So go finish wat yoa
ancestor guys wen start! 33 You guys jalike snakes, an you guys
come from one snake ohana! You guys tink God da Judge goin
let you guys go? No way! You tink you guys not going Hell? No
way!

34 “So, fo shua I goin send guys by you guys who goin talk
fo God, an smart guys, an guys who goin teach God’s Rules. But
you goin kill some a da guys, an some guys you guys goin put on
top da crosses, an mo odda guys you guys goin whip wit da thorns
inside da Jewish churches, an you guys goin make um suffa from
one town to anodda town. 35 God goin punish you guys fo all da
guys yoa ancestor guys wen kill. Dey wen kill any kine guys who
wen everytime do wat dey suppose to, starting from Abel all da
way to Zechariah, he Barachiah’s boy. He da guy yoa ancestor
guys wen kill right inside da temple yard, wit God’s spesho place
on one side an da altar on da odda side. 36 Dass right! An I like
tell you guys dis. you guys who stay live now goin suffa, cuz a
all dis stuff dat wen happen befo.

Jesus Get Love An Aloha Fo All Da Peopo Inside Jerusalem

(Luke 13:34-35; 1 Kings 9:7-8; Jeremiah 12:7; 22:5)

37 “O auwe! You Jerusalem guys! You guys stay kill da
guys who talk fo God, an throw stones at da guys fo kill um, da
guys God send by you guys. Plenny times I wen like bring you
guys by me, jalike one mudda chicken bring togedda her baby
chickens unda her wings, but you guys no like come. 38 You know
wat? Everyting stay all poho fo you guys awready! 39 I tell you
guys, you guys no goin see me again till you guys say, ‘Dis guy come
from da Boss Above, we like God do plenny good tings fo him!’ ”

Jesus Say, “Da Temple, Dey Goin Bus Um Up”

(Mark 13:1-2; Luke 21:5-6)

24 1 Jesus was going outside from da temple yard, an his guys
come an say, “Eh, Teacha, check out da buildings ova hea!
Ho ka! Awesome, yeah?”

2 Jesus say, “Eh, az right! An I like tell you guys dis too.
You know all dis stuff? Bumbye no goin get one stone on top da
odda ova hea. Goin be all throw down from how dey stay.”

Peopo Goin Suffa
(Mark 13:3-13; Luke 21:7-19)

3 Den bumbye, Jesus wen go Olive Ridge an sit down ova
dea. Wen no mo odda guys dea, his guys go by him. Dey aks him,
"Wat time all dat kine stuff goin happen? An wat kine ting goin
happen fo show us wen you goin come back ova hea, an wen da
world goin pau?"

4 Jesus tell um, "Watch out! No let nobody fool you guys!
5 Plenny guys goin show up an try ack jalike dey me. Dey goin
say, 'Eh, me, I dat Spesho Christ Guy From God!' An dey goin
fool plenny peopo lidat. 6 You guys goin hear da war dat stay by
us guys, an you guys goin hear about da wars dat stay all ova da
odda places. No freak out. All dat kine stuff gotta happen, but dat
no goin mean everyting goin pau yet. 7 Goin get fighting. One
country goin start fight one nodda country. One king goin fight
one nodda king. Plenny peopo goin get notting fo eat. Plenny
diffren places, da ground goin shake hard plenny. 8 Peopo goin
suffa plenny, but all dat, ony fo start.

9 "Dat time, dey goin set you guys up an make you guys
suffa, an dey goin kill you guys. All da diffren kine peopos all
ova da world goin hate you guys cuz you stay my guys. 10 Den,
goin get plenny guys dat goin stop trussing me, cuz dey no can
handle wat stay happening. An dey goin hate each odda an set up
dea own bruddas. 11 Goin get plenny guys dat goin show up an
say dey hea fo talk fo God, but dey ony bulai, an dey goin fool
plenny peopo. 12 Goin get mo an mo peopo dat goin everytime
broke God's Rules mo an moa, az why plenny peopo no goin get
aloha fo each odda no moa. 13 But whoeva can handle an hang in
dea till all dis pau, dey da ones dat goin come out okay. 14 All ova
da world goin get peopo dat goin tell all da Good Kine Stuff about
how God da king stay. All da diffren kine peopos goin hear wass
fo real, an den, everyting goin pau.

Someting Real Bad Goin Mess Up Everyting
(Mark 13:14-23; Luke 21:20-24; Daniel 9:27; 11:31; 12:1,11; Joel 2:2)

15 “Daniel, da guy dat wen talk fo God befo time, he wen
say dat someting dat God hate plenny, goin happen. Dat ting so
bad, goin mess up everyting an make everybody jus bag. Da ting
goin stand inside da spesho place wea ony God suppose to stay.
(Whoeva read dis, dey gotta figga um out.) 16 You know, wen
you guys see dat happen, if you stay Judea side, go run to da
mountains. 17 If you stay on top one house dat get flat roof, no go
inside fo take yoa stuffs wit you. 18 If you stay inside da fields,
no go home fo get yoa clothes. 19 Dat time, goin get hard time fo
da hapai wahines an da muddas dat stay nursing dea babies!

20 “Pray dat dis stuff no goin happen winta time o on da Rest
Day. 21 Cuz dat time everybody goin choken suffa to da max. Neva
have notting lidat eva wen happen befo, not even from wen God wen
make da world till now, an not goin get notting lidat eva goin happen
again. 22 But God goin make dat time mo short, so goin get peopo dat
goin come out okay. Da Boss Above like help da guys he wen pick,
dass why he goin make dat suffa plenny time mo short.

23 “Dat time, if get one guy dat tell you guys, ‘Eh, look!
Christ, da Spesho Guy God Wen Send, he stay ova hea! He stay
ova dea!’ no go trus dat kine guy! 24 Goin get plenny fake kine
guys who say dey Christ, an goin get plenny fake kine guys who
say dey talk fo God. Dey goin do unreal an awesome stuff fo try
show proof dat dey fo real, an dey goin even try fool da guys dat
God wen pick.

25 “Eh! Befo all dat happen, I stay telling you guys eve-
ryting now awready. 26 If some guys say, ‘Eh! Christ stay inside
da boonies!’ no go ova dea. If dey say, ‘Eh! He stay inside dat
house ova dea!’ no trus um notting. 27 I da Guy Dass fo Real, an
wen I come back, goin be jalike wen da lightning come from da
east side an shine all ova to da west side. 28 Wen dat happen, you

guys goin know wea I stay. Jalike everybody know wea get
someting dead wen da scavenja birds come togedda ova dea.

Da Guy Dass Fo Real Goin Come Back

(Mark 13:24-27; Luke 21:25-28; Isaiah 13:10; 27:13; 34:4; Ezekiel 32:7; Joel 2:10,31; 3:15; Revelation 1:7; 6:12; Haggai 2:6,21; Zechariah 2:6, 12:10,14; Daniel 7:13-14; Deuteronomy 30:4)

29 "Right afta dat time fo suffa plenny goin happen,
'Da sun goin come black.
Da moon no goin shine.
Da stars goin fall down from da sky.
An all da spirits inside da sky dat get plenny power,
Dey goin come all kapakahi.'
30 "I da Guy Dass Fo Real. Dat time, da peopo goin see
someting up dea inside da sky dat goin show dem dat I stay
coming. An all da diffren kine peopos all ova da world goin cry
hard an be real sad. Den dey goin spock me, da Guy Dass Fo Real.
I coming on top da clouds inside da sky. I goin come wit power
an I goin be awesome! 31 Da trumpet goin make big noise, an I
goin send my angel messenja guys fo bring togedda all da peopo
dat God wen pick from all ova da world, every place dat get
undaneat da sky.

Da Fig Tree Teach Us Someting

(Mark 13:28-31; Luke 21:29-33)

32 "Eh you guys, try learn someting from da fig tree. Wen
da fig tree make new branch an get new leaf, you guys goin know
dat summer time stay coming. 33 Same ting, wen you guys see all
dis stuff happen, den you goin know, I stay coming an everyting
stay ready. 34 Dass right! An I like tell you guys dis too. From da
peopo dat stay ova hea right now, get guys dat no goin mahke
befo all dis stuff goin happen. 35 Da world an da sky goin pau,
but da tings I say neva goin pau.

Nobody Know Da Day O Da Time Dat Goin Happen

(Mark 13:32-37; Luke 17:26-30, 34-36)

36 "Nobody know wen all dat goin happen, not even da day
o da time. Da angel guys inside da sky, even dem, dey donno.
Even me, I God's Boy, an I donno da time. Ony my Fadda know
da time!

37 "I da Guy Dass Fo Real. Wen I come back, everyting
goin be jalike befo time wen da guy Noah wen stay. 38 Dat time,
befo da big water wen come, everybody was eating an drinking.
Dey was getting married an giving dea girls fo get married. Dey
still was doing dat till da time wen Noah wen go inside da big
boat. 39 Da odda peopo, dey neva know wat was goin happen, till
da big water wen come an wipe um out. You know, I da Guy Dass
Fo Real, an wen I come back, goin be same ting lidat.

40 "Goin get two guys working inside one field. God goin
take one guy, an he not goin take da odda guy. 41 Goin get two
wahines working togedda fo make flour fo bread wit one grinding
stone. God goin take one wahine, an he not goin take da odda.

42 "So, watch out! Cuz you guys donno wat time yoa Boss
goin come back. 43 But you guys gotta figga dis. If da head guy
inside da house wen know wat time da steala guy goin come, he
goin watch out fo um. He not goin let um inside fo bus up his
place. 44 Az why you guys betta be ready, cuz I da Guy Dass Fo
Real. Da time you guys tink I no goin come, dass wen I goin come.

Da Worka Guy Da Boss Can Trus

(Luke 12:41-48)

45 "So den, good fo be jalike one worka guy dat da boss can
trus cuz da guy tink plenny how fo do tings right. He da guy, da
boss goin make him da luna in charge a his house an his ohana,
so he can give everybody dea food wen da right time stay. 46 Wen
da boss come back, da worka guy goin stay good inside if he stay
doing jalike his boss wen tell him. 47 Dass right! An I tell you guys
dis too. Da boss goin put dat guy in charge a everyting he get.

48 "But if dat worka guy do bad kine stuff, den he goin tink,
'Eh, long time my boss no goin come back.' 49An he goin start
fo bus up da odda worka guys, an he goin eat an drink wit all da
odda drunk guys. 50Den goin get one time, da boss goin come
back an da worka tink he still yet not coming, an donno wat time
he stay coming. 51Den da boss goin bus him up, an throw him
outside wit da bulaia kine guys who all mout. Ova dea da guys
goin cry real hard an grind dea teeth, cuz dey so wild."

Ten Girls An Da Wedding

25 1 "Dat time, wen God in da sky stay king, goin be jus lidis.
Had one wedding. Ten a da wahine's girl friends wen take
dea oil lamps an go dea friend's house fo wait fo da groom. 2Five
a dem smart, cuz dey tinking, an da odda five no tink notting.
3Da girls dat no tink, dey take dea lamps, but den dey no take oil
wit dem. 4Da girls dat tink, dey take dea lamps, an dey take plenny
oil wit dem. 5But da groom neva come yet, an all da girls like go
sleep. 6Midnite, somebody wen yell, 'Eh! Da groom coming!
Come outside fo meet him!'

7 "All da girls wen get up fo make dea lamps ready. 8Da
girls dat no tink wen tell da odda girls, 'Eh, you guys get oil. Try
give us some! Da fire stay inside our lamps, goin pio.'

9 "Da smart girls say, 'No can! No mo nuff fo everybody, jus
us. Eh, go buy from da guys dat sell um.' 10Afta dey wen go fo buy
some mo oil, da groom wen come ova dea. Da girls who was ready,
dey wen go wit him to da wedding party. An dey wen shut da door.

11 "Bumbye, da odda girls wen come. Dey say, 'Eh, Mista,
open da door fo us!

12 "But da guy tell um, 'Cannot! Cuz I donno you guys.'"

13 Den Jesus say, "Eh! Az why I telling you guys, watch
an stay ready, cuz you guys donno da day o da time, wen me, da
Guy Dass fo Real, goin come back, you know."

Three Worka Guys An Da Money

(Luke 19:11-27)

14 Jesus tell um, "Dat time wen God stay king, goin be jus
lidis. Had one guy, he was going on one trip to one far place. Befo
he go, he tell his worka guys, 'Come. I like you guys take care
all my stuffs fo me.' 15 He put one guy in charge a five bag money,
one nodda guy two bag money, an one nodda guy one bag money,
cuz he know how much each guy can handle. Den he go way.

16 Da guy who wen get da five bag money wen go use um
fo make business, an wen get five mo bag money. 17 Da guy who
get da two bag money wen do da same ting an wen get two mo
bag money. 18 But da guy who wen get da one bag money wen
dig one hole, an wen put um inside da ground, an wen hide da
boss's money inside.

19 "Long time afta, da boss wen come back. He wen go
check out how da worka guys wen handle all his money. 20 Da
guy who wen get da five bag money wen bring five bag mo to da
boss. He say, 'Boss, you wen give me five bag money. Eh, try
look! I wen make five mo bag money.'

21 "Da boss say, 'Eh good! You wen do good. I can trus
you. You wen do good wit ony litto bit. I goin put you in charge
a plenny stuff. Come. Stay wit me. I stay good inside, same ting,
az wat I like you feel.'

22 "Den da guy wit da two bag money wen come an say,
'Boss, you wen give me two bag money. Look, I wen make two
mo bag money.'

23 "Da boss say, 'Eh good! You wen do good. I can trus
you. You wen do good wit ony litto bit. I goin put you in charge
a plenny stuff. Come. Stay wit me. I stay good inside, same ting,
az wat I like you feel.'

24 "Den da guy wit ony one bag money wen come an say,
'Boss, I know you one hard guy who no fool aroun. You cut da
crop wea you neva plant, an you go get da wheat wea you neva
throw seed. 25 An den, I was real scared, an I wen hide yoa money

inside one hole undaneat da ground. Hea, yoa money, still yet
stay all safe.'

26 "Den da boss say, 'Auwe! You one real poho worka!
You one lazy bugga! You know I like cut da crop wea I neva
plant, an I like go get da wheat wea I neva throw seed. 27Cuz you
wen know all dat, how come you neva put my money inside da
bank, so dat wen I come back, I can get my money back, an da
interes too. 28Eh, you guys ova dea, take away da money from dis
guy an give um to da guy wit da ten bag money.'

29 "Cuz everybody who get stuff goin get mo plenny. But
da guy who no mo notting, even da litto bit he get, goin lose um.
30Go throw dis poho worka guy outside dea inside da dark. Ova
dea dey goin cry real hard an grind dea teeth, cuz dey so wild."

Everybody Goin Stand In Front God Da Judge

31 Jesus tell um, "You know, I da Guy Who Fo Real. Wen
I come back, I goin be awesome. All da angel guys goin come
wit me. Den I goin sit down on top my throne dat stay awesome.
32All da diffren kine peopos from all ova da world goin come
togedda in front me, an I goin put some on one side an some on
da odda, jalike one sheep farma guy put da sheeps on one side an
da goats on da odda side. 33Same ting, I goin put da guys dat stay
do da right ting on my right side an da odda guys on my left side.

34 "I da King, you know. Dat time I goin tell da guys on
my right side, 'Come ova hea! My Fadda like take care you guys
an give you guys everyting you guys need. You know, wen he
wen make da world, he wen make all dis stuff ready fo you guys,
cuz I goin be yoa king. So, all dis fo you guys. Take um awready!
35Cuz I was hungry an you guys wen give me food fo eat. I was
thirsty an you guys wen give me someting fo drink. I wen go one
new place wea nobody neva know me, an you guys wen say, 'Eh,
come stay our house.' 36I neva had clothes, an you guys wen give
me clothes. I was sick an you guys wen take care me. I wen stay
inside da prison an you guys wen come see me.'

37 "Den da guys who everytime do da right ting goin aks
me, 'Boss, wen was dis, dat you was hungry an we wen give you

food fo eat? Wen was dis, dat you was thirsty, an we wen give
you someting fo drink? 38 Wen was dis, dat you wen go one new
place wea nobody know you, an we wen say, 'Eh, come stay our
house'? Wen was dis, dat you neva had clothes, an we wen give
you clothes? 39 Wen was dis, dat you was sick o inside da prison,
an we wen come see you?'

40 "Me, da King, I goin say, 'Dass right! I tell you guys fo
shua, wateva you guys wen do fo one a my bruddas, no matta
peopo tink da guy not importan, was me you guys wen do um fo.'

41 "Den I goin tell da odda guys on my left side, 'Go way
from hea, you guys! God goin punish you guys! Go inside da fire
dat stay ready fo da Devil an his angel guys, da fire dat neva eva
goin mahke. 42 Cuz I was hungry an you guys neva give me food.
I was thirsty an you guys neva give me notting fo drink. 43 I wen
go one new place wea nobody know me, an you guys neva tell
me come stay wit you. I neva had clothes, an you guys neva give
me notting fo wear. I was sick an inside da prison, an you guys
neva bodda fo come see me.'

44 "Den dem buggas goin tell, 'Boss, wen was dis, dat you
was hungry, o thirsty, o one new guy in town, o no mo clothes, o
sick, o inside da prison, an we neva come fo kokua you?'

45 "I goin tell um, 'Dass it! I tell you guys fo shua, da stuff
you guys neva do fo one guy dat da peopo tink not importan, was
me you neva do um fo.'

46 "Den da bad guys going way, an suffa foeva. But da guys
dat everytime do da right ting, dey goin live to da max foeva."

Dey Make Plan fo Kill Jesus

(Mark 14:1-2; Luke 22:1-2; John 11:45-53)

26 1 Afta Jesus pau teach all dis stuff, he tell his guys, 2 "You
guys know dis awready —get ony two days till da Passova
time. I da Guy Who Fo Real, but den wen da Passova time come,
dey goin set me up fo kill me on top one cross."

3 Dat time, da main priest guys an da olda leadas fo da
peopo wen come togedda inside da head priest guy palace.
Caiaphas, he da head priest dat time. 4 Dey say, "How we goin
trick Jesus so we can bus um? Den we can kill um."

5 Dey say, "We no can do um wen get da Passova time,
cuz bumbye da peopo goin make big noise an fight."

One Wahine Put Perfume On Top Jesus Head

(Mark 14:3-9; John 12:1-8)

6 Jesus was Simon's house, inside Betany town. Simon, he
was one lepa guy befo time. 7Wen Jesus stay eating ova dea, had
one wahine dat wen bring one fancy bottle made from alabaster
rock. Inside had da kine fancy perfume dat cost plenny. She wen
put da perfume on top his head wen he was eating. 8Jesus guys
wen see dat, an dey wen come all huhu. Dey say, "How come
she throw way her money lidat? 9How come she neva sell dat
perfume fo plenny money, an give um to da poor peopo?"
10 Wen Jesus wen know wat dey saying, he tell um, "How
come you guys give dis wahine hard time? Eh! No bodda her!
She wen do dis fo me wit plenny aloha. 11Everytime goin get
poor peopo stay wit you guys, but I no goin stay wit you guys
everytime. 12Wen she wen put dis perfume on top me, dis wen
make me ready fo wen dey goin bury me. 13Dass right! An I like
tell you guys dis too. weaevas my guys goin teach da Good Kine
Stuff about me, all ova da whole world, dey goin tell wat dis
wahine wen do, an da peopo goin rememba her."

Judas Set Jesus Up

(Mark 14:10-11; Luke 22:3-6; Zechariah 11:12)

14 Den Judas Iscariot wen go talk to da main priest guys.
He one a Jesus twelve guys. 15 He aks um, "Eh, how much money
you guys goin give me if I set him up fo you guys?" So dey make
one deal an give him thirty silva coins. 16From den Judas wen
look fo one chance fo set Jesus up.

Jesus Eat Da Passova Food Wit His Guys

(Mark 14:12-21; Luke 22:7-14, 21-23; John 13:21-30)

17 Every year, get one week jus fo Bread Widout Yeast.
Dass da time wen dey no put yeast inside da bread fo make um
come big. On da firs day, Jesus guys wen go by him an aks um,

"Wea you like us make da stuff ready fo you fo eat da Passova
kine food?"
18 He say, "Go by dis one guy inside town. Tell um, 'Da
Teacha say: Time awready fo me. I like eat da Passova food wit
my guys inside yoa house.'" 19 So da guys wen do jalike he wen
tell um, an dey make da food ready fo da Passova dinna.
20 Afta da sun go down, Jesus sit down fo eat wit his twelve
guys. 21 Dey eating, an he say, "I tell you guys fo shua, one a you
guys goin set me up."
22 Dey come real sad, an each guy tell um, one afta da odda,
"Boss, eh, fo shua you not talking about me, yeah?"
23 Jesus say, "Da guy who wen put his piece bread inside
da same sauce wit me, he da guy dat goin set me up. 24 I da Guy
Who Fo Real. I goin mahke jalike da Bible wen say befo time.
But auwe! Da guy who goin set me up goin get it! Mo betta he
neva been born!"
25 Judas, da guy who goin set him up, he say, "Teacha, eh,
fo shua you not talking about me, yeah?"
Jesus tell him, "You da guy wen say dat."

Da Dinna Wit Da Boss

(Mark 14:22-26; Luke 22:15-20; 1 Corinthians 11:23-25; Exodus 24:8; Zechariah 9:11)

26 Dey eating, an Jesus take one piece bread an tell God he
good fo give peopo food. He broke da bread, an give um to his
guys. He tell um, "Take dis an eat um. Dis hea, my body."
27 Den Jesus wen take da cup, an tell God "Mahalo plenny!"
an give um to his guys. He say, "All you guys, drink dis. 28 Dis
hea, my blood fo make solid da new deal dat God making. Dey
goin kill me, an my blood goin come out from my body. Dat goin
help plenny peopo, so God can throw out dea shame fo all da kine
bad stuff dey do. 29 An I telling you guys, afta dis I no goin drink
dis kine wine, till da time come wen we all stay togedda wea my
Fadda stay king. Dat time, I goin drink da new kine wine wit you
guys."
30 Jesus dem wen sing one song fo tell God tanks, an wen
go by Olive Ridge.

Peter Goin Say He Donno Who Jesus
(Mark 14:27-31; Luke 22:31-34; John 13:36-38)

31 Ova dea, Jesus tell um, "All you guys goin bum out cuz
you no can handle da shame fo wat goin happen to me tonite. Cuz
God wen say befo time inside da Bible, 'I goin kill da sheep farma,
an all his sheeps goin run all ova da place.' 32 But I goin come
back alive afta I mahke, an den, I going Galilee side. Den you
guys goin go by me ova dea."

33 Den Peter say, "Eh, no way, Boss! No matta all da odda
guys bum out an like go way from you, eh, no way I eva goin do
dat!"

34 Jesus tell him, "Fo shua I tell you dis. Befo da roosta make
noise tonite, three times you goin say dat you donno who me."

35 But Peter tell him, "No way! Not even! No matta I gotta
die wit you, no way I goin say I donno who you!" An all da odda
guys say same ting.

Jesus Pray Inside Getsemane Place
(Mark 14:32-42; Luke 22:39-46; Psalm 42:6)

36 Den Jesus dem go da place dey call Getsemane. He tell
da guys, "Sit down ova hea an wait. I going ova dea fo pray."

37 He take Peter an da two Zebedee boys wit him. Den he
wen come real sore inside, an he get plenny stress inside him.
38 He tell um, "Eh, you know, my heart stay real sad, jalike I goin
mahke. No go sleep —stay ova hea wit me."

39 He go mo down, an go down on top da ground, an talk
to God lidis. "Eh, God, you my Fadda. If you can, no let me suffa
lidis. But if no can, dass okay. I like do um da way you like me
do um."

40 He go back by his guys, an dey stay sleeping. He tell
Peter, "So, wat? You guys no can stay up wit me fo ony one hour?
41 Hang in dea an aks God fo help you, so you no go do da bad
kine stuff wen you get chance. You know, inside, I know you
guys like do da right ting, but you guys no can do um, cuz you
guys stay weak inside."

42 Den Jesus go talk to God one mo time, an say, "Fadda,

if dis kine suffa no can go way from me, ony if I take um, az okay,
I still yet do um. I like do um da way you like me do um."
43 Jesus come back, an his guys stay sleeping again, cuz
dea eyes no can stay open. 44So he go way from dem one mo time,
an talk to God da third time, an he say da same tings jalike befo.
45 Jesus come back by his guys an say, "So, wat? You guys
still sleeping an resting! Nuff awready! Da time stay now! I da
Guy Who Fo Real, an dey goin set me up fo da bad guys. 46Get
up! We go by dem now. Da guy who wen set me up stay hea now
awready."

Dey Bus Jesus

(Mark 14:43-50; Luke 22:47-53; John 18:3-12)

47 Wen Jesus still talking, Judas, one a his twelve guys,
wen come ova dea. Had plenny odda guys wit him. Dey carry
swords an clubs. Da main priest guys, an da olda leadas, dey da
guys who wen send um. 48Now, befo time, Judas wen tell um,
"Da guy I goin kiss, az da guy. Grab um an tell da police guys
fo take um!"
49 So Judas wen go by Jesus an say, "Howzit, Teacha!" an
wen kiss um.
50 Jesus wen tell um, "My friend, do wat you wen come
ova hea fo do." Den da odda guys come an grab Jesus an take um.
51 An you know wat? One a Jesus guys wen grab his sword
an hit one guy dat work fo da head priest, an cut off one a his ears.
52Jesus tell him, "Put away yoa sword. Everybody who use his
sword fo beef goin die from da sword. 53Tink about dis: right now
I can aks my Fadda fo help, an he goin send me mo den twelve
armies a angel guys. 54But gotta happen dis way, so dat da tings
inside da Bible wen say befo time goin happen."
55 Right den an dea he tell all da peopo, "You guys tink I
one crook, o wat? You guys tink you gotta come afta me wit
swords an clubs fo bus me? Eh, I was wit you guys teaching inside
da temple yard every day, an you neva bus me dat time. 56But all
dis gotta happen, jalike da guys dat wen talk fo God wen write
inside da Bible." Den all his guys wen bag, an he stay dea all by
himself.

Jesus Stand In Front Da Main Leada Guys

(Mark 14:53-65; Luke 22:54-55, 63-71; John 18:13-14, 19-24; Psalm 110:1; Deuteronomy 7:13; Daniel 7:13)

57 Da guys who wen bus Jesus wen bring um in front
Caiaphas, da head priest guy. Ova dea da teacha guys who teach
God's Rules an da olda leadas fo da peopo wen come togedda.
58 Peter wen follow Jesus to da head priest place, but he wen stay
far. He go inside da yard an sit down ova dea wit da police guys
fo see wat goin happen.

59 Da main priest guys an all da main leadas wen try fo
find guys fo bulai bout Jesus in front da judge, so da leada guys
can kill Jesus. 60 Plenny guys come an try bulai bout Jesus, but
still yet dey no can find nobody dat say wat da leada guys like.
In da end two guys wen come. 61 Dey say, "Dis bugga wen tell
peopo, 'I can broke down God's temple, an den, befo three days,
I goin build um up again.'"

62 Den da head priest guy wen stand up an say, "Eh, you
no hear wat dese guys saying about you? You not goin say notting,
o wat?"

63 But Jesus no talk. So da head priest guy tell him, "Eh,
you! You gotta swear to God bout dis. Tell us in front da God
who stay alive! Tell us dat, if you da Christ guy dat God suppose
to send. You God's Boy, o wat?"

64 Den Jesus tell um, "You da guy wen jus say dat. I even
telling you guys, bumbye you guys goin see me, sitting down on
top da spesho place by da God Who Get All Da Power, right dea
on his right side. An I goin come back on top da clouds inside da
sky. Den you goin see me, I da Guy Who Fo Real."

65 Den da head priest guy wen rip his own clothes cuz he
wen come real mad, fo show dat he tink Jesus wen talk stink bout
God. He say, "Wat you guys tink now? No need mo plenny guys
fo tell wat dey wen see an hear about him, yeah? You guys wen
hear da bad kine stuff he say bout God! 66 Wat you guys tink?"

Dey all say, "He gotta mahke!"

67 Den dey spit on top Jesus face, an punch him, an some
guys slap his head wit dea hand. 68 Dey tell Jesus, "Eh you, da
Christ guy! If you one talka fo God, tell us who wen wack you!"

Peter Say He Donno Who Jesus
(Mark 14:66-72; Luke 22:56-62; John 18:15-18, 25-27)

69 All dis time Peter stay sitting outside da house, inside
da yard. Had one girl who work fo da head priest guy wen go by
him, an say, "Eh, you was wit Jesus too, yeah? da bugga from
Galilee side, yeah?"
70 But he tell everybody, "No way! I donno wat you talking
bout!"
71 Den he go ova dea by da gate, an had one nodda girl dat
work ova dea, she wen spock him. She tell da guys who standing
ova dea, "Hey! Dis da bugga was wit Jesus, you know, da guy
from Nazaret town!"
72 Den Peter say, "Not! I swear to God, I donno who dat!"
73 Den bumbye, da guys who was standing near Peter say,
"Yeah! You one a dem guys too! You talk jalike you from dat
place!"
74 Peter swear real bad, an den he say, "God punish me if
I no tell you da trut. I donno who dat!" Right den da roosta wen
make big noise.
75 Den Peter rememba wat Jesus wen say, "Befo da roosta
make noise, three times you goin say you donno who me." So
den he wen go outside an broke down an bus out crying.

Jesus In Front Da Governa
(Mark 15:1; Luke 23:1-2; John 18:28-32)

27 1 Early morning time, all da main priest guys an da olda
leadas fo da peopo wen go figga out how dey goin kill
Jesus. 2 Dey tie him up, take him away, an wen give him to Pilate,
da governa.

Judas Mahke
(Acts 1:18-19; Zechariah 11:12-13; Jeremiah 32:6-9)

3 Now Judas, da guy dat wen set up Jesus, wen see wat wen
happen. Afta he find out dat dey really goin kill Jesus fo real kine,
he start fo tink diffren. So, he take back all da thirty silva coins
fo give um to da main priest guys an da olda leadas dat wen give

um to him befo. 4 He tell um, "Eh, I wen do someting wrong! I wen set up one guy dat neva do notting!"

But dey tell him, "Eh, no bodda us wit dat! Dass yoa problem!" 5 So Judas throw down da thirty silva coins right dea inside da temple, an wen go hang himself.

6 Den da main priest guys take da thirty silva coins. Dey say, "No good we put dis money inside da place wea da peopo give money fo da temple, cuz dis wen pay fo somebody's blood."

7 So dey figga dis. "We go buy da land from da guy dat make clay pots, yeah? Den if somebody come from far away, an mahke, an nobody know who him, we can bury um ova dea inside dat field." 8 Dass why, dat field, dey call um 'Da Blood Field' even till now.

9 Dis wen happen jalike Jeremiah wen say befo time. He da guy dat wen talk fo God, an he wen say, "Had some Israel peopo dat wen say, 'We give thirty silva coins fo dis guy.' 10 Dey talk wit da guy who make clay pots, an dey give him da coins fo his field, jalike da Boss Above wen tell me fo do." Dass wat Jeremiah wen say.

Pilate Aks Jesus Plenny Stuff

(Mark 15:2-5; Luke 23:3-5; John 18:33-38)

11 Same time Jesus was standing in front Pilate, da governa. Pilate aks him, "Eh, you da King fo da Jews, o wat?"

Jesus tell him, "You da one wen say dat." 12 Da main priest guys an da olda leadas wen poin finga plenny at Jesus. But he still neva say notting.

13 Pilate aks him, "You no hear all da stuff dey saying about you?" 14 An still yet Jesus neva say notting. So Pilate start fo try figga dis guy.

Dey Say Jesus Goin Have To Mahke

(Mark 15:6-15; Luke 23:13-25; John 18:39—19:16)

15 Now, Governa Pilate, he let one prisona guy go every year, Passova time. Any guy da peopo pick, Pilate let um go. 16 Had one guy name Barabbas dat stay inside da prison. All da

peopo know bout him. [17]So wen all da peopo come togedda,
Pilate aks um, "Who you guys like me let go fo you? Barabbas,
o Jesus da guy dey say God wen send um?" [18]Now, Pilate know
dat dey wen give Jesus to him cuz dey so mad at Jesus, cuz
everybody listen to him, not dem.

[19] Pilate was still sitting on top da judge chair, an his wife
wen send somebody by him fo say, "No bodda wit dat Jesus guy,
cuz he neva do notting. I wen suffa plenny stuff inside one dream
cuz a him!"

[20] But da main priest guys an da olda leadas wen presha da
peopo fo say dis: "Kill Jesus awready! We like Barabbas!"

[21] Governa Pilate wen aks one mo time, "Get two guys ova
hea. Which one you like me let go?"

Dey say, "Barabbas!"

[22] So Pilate aks um, "Den wat I goin do wit Jesus, da guy
dey say God wen send?"

Dey all say, "Kill him on top one cross!"

[23] But Pilate say, "How come? Wat kine bad ting he wen
do?"

But dey yell mo loud, "Kill him on top one cross!"

[24] Den Pilate know he no can make dem change dea minds,
cuz da peopo was bussing up da place awready. So he take da
water an wash his hands in front da peopo. He say, "You guys no
can blame me fo wateva you guys do to dis guy! Dass you guys
problem!"

[25] An all da peopo say, "Yeah, us guys an our kids goin be
da one fo take da blame fo make um mahke!"

[26] Den Pilate tell da army guys fo let Barabbas go, an go
whip Jesus, an den kill him on top one cross.

Da Army Guys Play Any Kine Stuff On Jesus

(Mark 15:16-20; John 19:2-3; Isaiah 50:6)

[27] Den da army guys dat work fo da governa wen take Jesus
inside da palace, an dey tell all da odda army guys fo come by
dem. [28]Dey take off Jesus clothes an put one long red king kine
robe on top him. [29]Dey make one crown from thorns, an put um
on top his head. An dey put one stick in his right hand. An dey

go down in front him an make fun a him. Dey say, "Ho! Check
um out! Da King fo da Jews!" 30An dey spit on top him, an take
da stick an wack him on top his head plenny times. 31Wen dey
was pau play wit him, dey take off da red robe an put his own
clothes back on top him. Den dey wen take him outside fo kill
him on top one cross.

Dey Hang Jesus on Top One Cross fo Mahke

(Mark 15:21-32; Luke 23:26-43; John 19:17-27; Psalm 22:7,8,18; 69:21; 109:25; Isaiah 53:12; Lamentations 2:15)

32 Wen dey going out from Jerusalem, dey meet Simon,
one guy from Cyrene town. Dey tell um he gotta carry Jesus cross.
33Dey come by da place dey call 'Golgota', dat mean 'Da Skull
Place'. 34Dey try give Jesus wine wit bitta stuff inside, but wen
he taste da wine, he no like.

35 Dey hang him on top da cross, an den dey throw dice,
fo see wat guy goin get which clothes from Jesus. 36Den dey sit
down an guard him. 37Dey make one sign an put um ova his head,
fo tell everybody wat he wen do wrong. Da sign say, "Dis Jesus,
Da King fo da Jews".

38 Dey hang two prisona guys on top two crosses near him,
one on da right side an da odda one on da left side. 39Had some
guys walking ova dea dat shake dea fingas at him an say, "Oh, fo
shame! 40You wen say dat you goin broke down da temple an
goin build um up again befo three days pau! So, we like see you
get yoaself outa dis! If you God's Boy, come down from da cross
now."

41 Da main priest guys, da guys dat teach God's Rules, an
da olda leadas wen make fun too, jalike da odda guys. Dey tell,
42"He wen get da odda guys outa da stuff dey stay in, but he no
can get himself outa dis! If he da King fo da Israel guys, kay den,
let him come down from da cross now! Den we goin trus him!
43He stay trussing God. So, let God get him outa dis stuff now, if
God like him! Cuz he wen say, 'I God's Boy.'" 44An da prisona
guys dat stay hanging dea near him, dey making fun a him too,
jalike da odda guys.

Jesus Mahke

(Mark 15:33-41; Luke 23:44-49; John 19:28-40; Amos 8:9;
Psalm 22:1;69:21; Exodus 26:31-35; Hebrews 10:20; Ezekiel 37:12)

45 Noon time wen get real dark all ova da place, fo three
hours. 46Three clock Jesus wen yell real loud an say, "Eli, eli,
lema sabachthani!" Dat mean, "My God, my God, how come you
go way an leave me ova hea?"

47 Some odda guys dat stay ova dea wen hear him, an tell,
"Dis guy stay yelling fo Elijah fo come!" 48One guy wen run an
put one sponge inside da sour wine, an put um on top one bamboo,
an try give um to Jesus fo drink.

49 But da odda guys say, "Try wait! We go see if Elijah goin
come fo get him outa dis." 50Den Jesus yell again real loud, an den
he let go his spirit.

51 Right den an dea da big curtain inside da temple rip in two
from da top to da bottom. An da ground wen shake, an da rocks wen
split up, 52-53an da graves wen open. (An you know wat? Plenny
mahke guys who was all out fo God long time ago, dea bodies wen
come alive again, afta Jesus wen come back alive from mahke. Dey
wen come outa dea graves, an dey go inside Jerusalem, God's spesho
place, an plenny guys wen spock um, you know.)

54 So da captain fo da army guys an da odda guys dat was
guarding Jesus too, dey wen see da ground shaking, an everyting
dat stay happening, an dey come real scared, an dey say, "Fo real
kine, dis was God's Boy!"

55 Had plenny wahines standing far, watching everyting.
Befo time, dey wen go wit Jesus from Galilee side, fo take care
him. 56 Had Mary from Magdala, an one nodda Mary dat get two
boys, James an Joseph, an Zebedee's wife dat get two boys, an
had odda wahines.

Dey Go Bury Jesus

(Mark 15:42-47; Luke 23:50-56; John 19:38-42;
Deuteronomy 21:22-23;Acts 13:29)

57 Had one rich guy from Arimatea, name Joseph. He wen
stick wit Jesus. 58 He go in front Pilate befo da sun go down, an
aks Pilate if he can take Jesus body. So Pilate tell his guys fo give

him da body. 59Joseph take down da body from da cross, an wrap
um up inside one clean cloth, 60an put um inside his own new
tomb, da one dat was awready cut inside da rock. Dey push one
big rock in front da hole fo close um. An dey go way. 61Mary
from Magdala an da odda Mary stay sitting ova dea on da odda
side. Dass wea dey can see da tomb.

Da Police Guards By Da Tomb

62 Da nex day, afta da Make Ready Day fo da Passova time,
da main priest guys an da Pharisee guys come togedda in front
Pilate. 63Dey say, "Eh Governa, us guys rememba, wen dat fake
guy still alive, he tell, 'Afta three days I goin come back alive
again.' 64So us guys tinking, try put some guards in front da tomb
fo three days, so dat his guys no can come an steal his body. Cuz
if dey do dat, den dey goin tell da peopo, 'Try look! He wen come
back alive from mahke.' An den dis fake ting goin be mo worse
den da firs fake ting, wen he wen tell he da Christ guy."

65 So Pilate tell um, "Use yoa own police guys. Send um
fo guard um, jalike you guys wen say." 66Den dey wen go an put
one seal on top da big rock on top da tomb, an leave some police
guards ova dea fo guard um.

Jesus Come Back Alive

(Mark 16:1-8; Luke 24:1-12; John 20:1-10)

28 1 Afta da Rest Day pau, was da firs day a da week. An ony
get litto bit light inside da sky. Dat time, Mary from
Magdala an da odda Mary wen go da tomb fo look.

2 All of a sudden da ground wen shake real hard all ova,
cuz one angel messenja guy from da Boss Above come down
from inside da sky. He push da big stone away from da opening
part, an wen sit down on top da stone. 3He look jalike da light
from da lightning, an his clotheses was real white jalike da snow.
4Da police guards stay so scared a da angel, dey stay shaking all
ova, an dey look jalike mahke kine guys.

5 Da angel guy tell da wahines, "Eh, no scared! I know you
guys looking fo Jesus, da guy dey wen kill on top da cross. 6Eh,

he no stay ova hea, cuz God wen make um come back alive, jalike
Jesus wen say befo time. Come! Try look da place wea he wen
lay. 7Den eh, go hurry up! Tell da guys he wen teach, dat God
wen make um come back alive from mahke, awready. An you
know, he going Galilee side firs, den you guys suppose to go ova
dea too. Dass da place wea you guys goin see him. So, dass it!
Dass wat I suppose to tell you guys."

8 Da wahines, dey wen run from da tomb fo tell his guys.
Dey real scared, but same time, dey stay real good inside. 9Right
den Jesus wen meet um, an he say, "Aloha!" Dey go by him, an
go down, an touch his feet, an dey give him plenny love an
respeck. 10An Jesus tell um, "Eh, no scared! Go tell my brudda
guys fo go Galilee side. Dass da place wea dey goin see me."

Da Police Guys Tell Wat Wen Happen

11 Wen da wahines going, same time some a da guys dat
was guarding da tomb wen go back inside Jerusalem town an tell
da main priest guys wat wen happen. 12So da main priest guys all
come togedda wit da olda leadas, fo figga wat fo do. Den dey give
plenny money to da guys dat was guarding da tomb. 13Da priest
guys tell um, "Tell da peopo, 'Come dark time, wen us guys
sleeping, Jesus guys wen steal da body.' 14If da governa hear bout
dis ting, us guys goin tell um you guys okay, so you guys no need
worry." 15So da guys dat was guarding da tomb wen take da
money an do wat da leada guys wen tell um. An dass wat da
Jewish peopo still yet stay telling today.

Jesus Go By His Guys

(Mark 16:14-18; Luke 24:36-49; John 20:19-23; Acts 1:6-8)

16 Den Jesus eleven guys go Galilee, to da mountain wea
Jesus wen tell um fo go. 17 Wen dey wen see him ova dea, dey go
down an give um plenny love an respeck. But still had guys dat
still yet not shua wat stay happening.

18 Den Jesus go near dem an say, "God wen give me all da
power, so now I in charge a everyting all ova da world an inside
da sky. 19So you guys, go all ova da world an teach all da diffren

peopos, so dey can learn about me an come my guys. Baptize
dem, an dey goin come tight wit my Fadda, an me his Boy, an
God's Good an Spesho Spirit. 20Teach um how fo do everyting
dat I wen tell you guys fo do. An you know wat? I goin stick wit
you guys all da way, till da world goin pau."

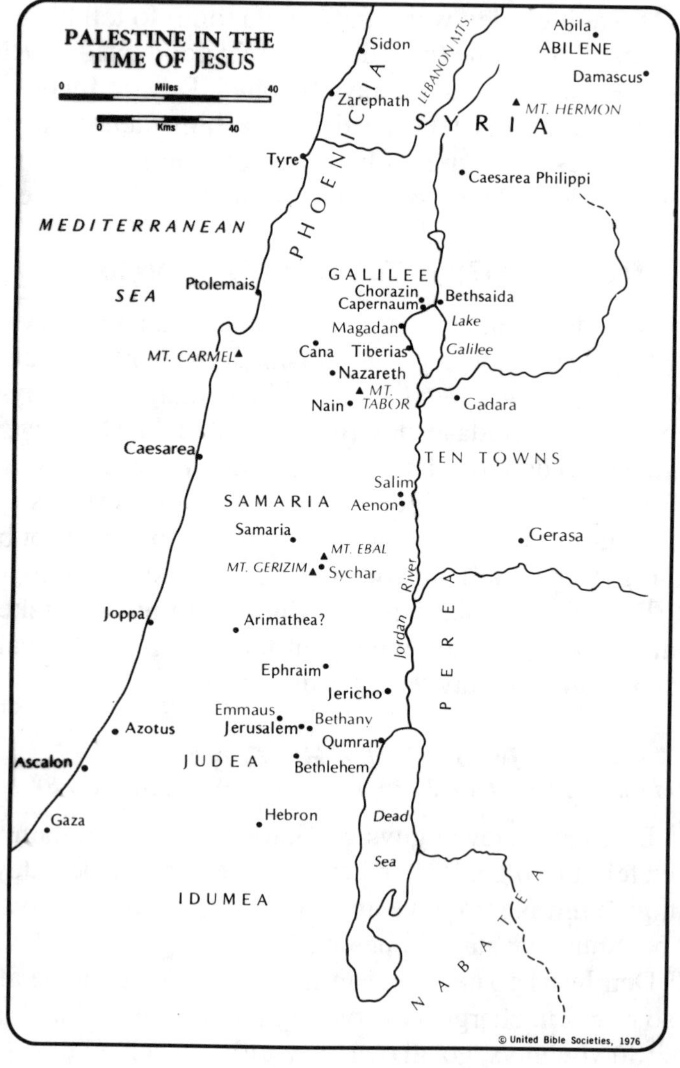

Bible Kine Words

alabaster: one soft kine rock, light color. Dey cut um an make tings fo put perfume an odda stuffs inside.

altar: wen peopo make sacrifice fo God, dey put um on top one altar. Get altar made from rocks. Odda altars jalike one table.

angel messenja guy, angel guy: get peopo inside da sky dat not same like us guys. Dey go any place God tell um, an do wateva he send um fo do. English "angel."

awesome kine stuff fo show someting: Jesus wen do plenny awesome stuff dat show who him. He wen make da sick peopo come good an da peopo dat no can see, so dey can see. English "miracle, sign."

Beelzebul: one nodda name fo da Devil. Come from da Phoenecian peopo, an mean "Da Boss fo da Flies."

Bible: wen Matthew talk bout da Bible, he ony talking bout da Old Testament part from befo time, cuz neva have da New Testament part yet, till Matthew-dem wen write um. Dey call um "Da Rules from God" an "wat da guys dat wen talk fo God befo time wen say." English "Scripture, Bible."

boat: Matthew talk bout two diffren kine boat. Inside da Galilee lake, had sail boats fo fish. Dey big nuff, so Jesus an his twelve guys can go inside. Da odda kine is da big boat Noah wen build fo take care all da animals an birds, dat time God wen wipe out all da peopo cuz dey ony like do bad kine stuff. Dat boat dey call um "Noah's ark."

Boss, Boss Above, Good Boss Above: da guy dat tell you wat you gotta do. Inside da Bible, God da Boss. Jesus, same ting. English "Lord."

bread dat no mo yeast: da time God wen take da Jewish peopo outa Egypt, dey gotta hurry up an go, so dey neva have time fo fix regula bread, ony da kine dat no mo yeast. From dat time, every year March o April (da seven days afta da Passova), dey eat dis kine bread, fo rememba wat God wen do fo dem. English "unleavened bread."

bread: inside da house, da wahines make flat an round breads. Dass da main kine bread da peopo eat. Can take one piece an use um fo grab meat outa da stew.

broke da Rules from God: God tell peopo how fo ack, but all da time get somebody go do wat God say betta not do. English "lawlessness, unlawful."

Caesar: Rome side, all da king guys use "Caesar" inside dea name: Julius Caesar, Augustus Caesar, an plenny odda king guys.

Christ: one Greek kine word dat mean "da one dey wen put oil on top him", cuz dass how da Jewish peopo wen show who goin be da nex king, o da nex head pries guy. Da Hebrew kine word "Messiah" mean same ting – Da Spesho Guy God Wen Send. Da Jewish peopo figga, dat one spesho guy lidat suppose to show up but dey neva know wat time. Dass why, wen Jesus wen show up, had peopo dat wen figga he da Spesho Guy God goin Send, an had odda peopo dat wen come huhu bout Jesus cuz dey figga, da Christ guy gotta ack like one spesho king. English "Anointed One, Chosen One."

church (Jewish kine): da Jewish peopo come togedda every week Saturday fo pray an read da Bible, jalike one church. Da odda days, dey use um fo come togedda an fo teach dea kids. Da place wea dey do dat, get English name "Synagogue."

come sorry, an like pau all da kine bad stuff you doing, an no do um no moa: Jesus talk bout how gotta change da heart, an den change how you ack. English "repent."

council: da army from Rome wen take ova da Jewish peopo befo Jesus born. But dey let da Jewish peopo get dea National Council fo take care da local kine stuff, an fo judge religious kine stuff. Had seventy leada guys inside da National Council, an da Head Pries guy was President. English "Sanhedrin."

cross: one post fo kill crook guys. Da army from Rome wen put one big post inside da groun. Den dey nail da guy's hands to da two ends a one nodda heavy piece wood. Dey tie dat piece to da top part a da main post, so da guy jus hanging dea till he mahke. Dass how dey wen kill Jesus.

cummin: one small kine spice dey put inside da stew an food kine odda stuffs.

cut skin: wen God wen tell Abraham fo come be his guy, he tell um, gotta cut skin fo all da guys. Da Jewish peopo, an da odda peopos dat come from Abraham, dey cut skin fo show dey God's peopo. English "circumcise."

David: one importan king fo da Jewish peopo, tousan year befo Christ. Jesus wen come from his blood. King Solomon's fadda.

Day fo Make Ready fo da Res Day: fo da Jewish peopo, Friday da day, wen gotta make all da food fo eat Saturday, cuz Saturday da Res Day an no can work. Engllsh "preparation day."

deal: God wen tell Abraham wat he like do fo him, an how Abraham suppose to ack. Afta, God wen make da same deal wit Abraham's boy Isaac an his grandkid Jacob, an lata, wit all da peopó dat wen come from Jacob, fo dem fo be his peopo. English "covenant, testament."

Devil: da boss fo da bad kine spirits. He da main spirit dat like go agains God, an he like make all da peopo go agains God too. Get odda names too – Satan, Beelzebul. English "Devil."

dill: one spice. Da seeds taste good, an good fo make dill pickle.

do bad kine stuff: do someting you not suppose to do. English "sin."

do wat God say dey suppose to do: everytime do da right ting. Same ting, get um right wit God. English "righteous."

Elijah: one talka fo God dat wen live long time befo Jesus. One nodda talka fo God, Malachi, wen tell dat Elijah suppose to come back befo da Spesho Guy God Goin Send show up. Jesus wen say, John da Baptiza Guy wen get da same kine spirit inside, jalike Elijah.

everyting inside you: Jesus say, gotta go all out fo God. Matthew 22:37 say, "Jesus tell um, 'Get love an aloha fo da Boss yoa God, wit all yoa heart, an wit everyting inside you, an wit how you tink.'" English "soul."

frankincense: sticky kine gum dat come outa some trees dat grow Arabia side. Smell good fo burn fo incense, an cost plenny, so use um fo make present too.

Galilee: one big lake, close to da north end a da Jordan River. Peter an Andrew an James an John had fishing business inside da lake. Jesus wen teach all around da lake shore.

gall: yellow stuff dat come outa da gall bladda nex to da liver inside one animal. Taste bitta, an dey use um fo pain killa. Get odda stuffs dat taste same same, an dey can call dat "gall" too.

get um right wit God: wen somebody do someting he not suppose to, da guy get problem wit God. But Jesus can make da guy come diffren inside, so da guy change da heart, an pau do da bad kine stuff dey was doing befo time. Den dey get um right wit God. English "justify, righteous."

give chance: somebody do someting bad to you, o dey owe you someting, but you tell um, "Dass okay, no worry," an mean um. English "mercy."

go agains: try fo do tings dat make da odda guy so he no can do notting. Da Devil like go agains God, but God da winna. English "hate, oppose, enemy."

God's Boy: Jesus know dat God his Fadda. Dass why he ack like he get da right fo do wateva his Fadda tell um. English "Son of God."

God's peopo: peopo dat stay all out fo God. English "saints, holy people."

God's Rules: da firs five books inside da Bible, da Jewish peopo call um Da Rules from God. Dey can say dat fo everyting inside da Befo Jesus part a da Bible too. Da Ten Commandments come from dat part. English "Law of Moses, Law."

Gomorrah: one big town by da Dead Sea nea Sodom. Da peopo dea was so bad, God wen burn um up.

Good Kine Stuff From God: dass wat Christian kine peopo can tell da odda peopo. All da stuff bout Jesus dat get inside da Bible, peopo need fo know dat. Dass why Jesus like his guys tell peopo da Good Kine Stuff From God. English "gospel, good news."

Guy Dass fo Real: wen Jesus talk bout "da Guy Dass fo Real", he talking bout himself. Da idea come from Daniel 7:13 – one guy, but mo den one regula guy. Dis guy get power, he importan. English "Son of Man."

head pries: da Jewish peopo had plenny pries guys, but had ony one Head Pries. Every year, had one spesho sacrifice dat ony da Head Pries guy can make, fo take care all da bad kine stuff dat he wen do an dat da odda Jewish peopo wen do, dat year. Da Head Pries in charge a wat da odda pries guys do, an he da President fo the Jewish National Council.

Hell: befo time, da peopo wen talk bout one place unda da ground wea da mahke guys stay. Da Greek peopo call um Hades, an da Jewish peopo call um Sheol. Jesus talk bout one place wea God punish da peopo dat do bad kine stuff. English "Hell, Hades."

Herod: get three Herod guys inside da Bible. Da firs Herod was King Herod da Great. He was da king guy dat wen try kill Jesus wen Jesus was one small kid. He wen build da fancy kine temple Jerusalem town. Herod's boy was Herod Antipas. He ony one small kine king, but was him wen kill John da Baptiza Guy. Da odda Herod, King Herod Agrippa I, was Herod da Great's grandson. He wen kill James an wen put Peter in jail.

Herodias: dis wahine was King Philip's wife befo time. King Philip, he was King Herod's brudda. But den, Herodias wen leave Philip fo marry her brudda-in-law, King Herod Antipas, da king fo Galilee. Was her dat wen make Herod kill John da Baptiza Guy.

inside: da Bible no just talk bout da outside kine stuff, da house an da money an da food. Talk plenny bout how us guys stay inside, wea no mo nobody can see. English "heart, soul, spirit."

Israel: Abraham's grandkid, dey wen name um Jacob wen he born. Afta, Jacob wen know God, an God wen give um da new name Israel. Wen da Jewish peopo talk bout demself, dey use da name "Israel's kids." Da land, get da same name, Israel.

Jesse: King David fadda. Jesus wen come from his blood.

Jewish: da peopo dat come from Abraham, an Isaac, and Jacob (dass Israel), dey da Jewish peopo. Dey get dea name from Jacob's boy Judah. Same ting, da peopo dat come from Jacob's twelve kids, dey call um all Jews. God wen make spesho deal wit da Jewish peopo, an call um his own peopo. Jesus was one Jew.

Judea: da south part a da Land of Israel, from Jerusalem south. Da north side, had Samaria an Galilee.

judge: make jalike one judge, dat get da job fo figga wass okay an wass not okay. Everybody gotta figga wass right an wass wrong. Wen da world goin pau, Christ goin come back, an he goin be da Judge fo everybody, how dey wen live.

king: dat time, had plenny king guys. God, he da main king, an da peopo dat listen to Jesus, dey goin get God fo dea king. English "kingdom, king."

lepa: one guy dat get sores on top da skin. Had plenny rules bout dat kine sick, but was mo den ony da Kalaupapa kine. Had odda kine too.

let somebody go: wen get somebody dat do someting bad to you, you can do someting bad to him, o you can let um go fo wat he wen do. Jesus teach peopo fo let da odda guy go, cuz God wen let dem go an take away da shame fo all da bad kine stuff dey wen do. English "forgive."

locust: one bug jalike da grasshopper, dat eat up all da crops.

love an aloha: dass how God feel wen he tink bout us guys, an us guys can get love an aloha fo God, an fo odda peopo too.

Magdala: one small town da west shore Galilee Lake. Mary from Magdala wen follow Jesus.

make good to somebody: wen two peopo stay tight, an den someting happen so dey come huhu, dass not good. Somebody gotta do someting fo bring um back togedda one mo time. One guy gotta make good to da odda guy. English "reconcile."

manna: one spesho kine food dat God wen send from da sky, all da time da Jewish peopo wen stay inside da boonies, afta dey go outa Egypt an befo dey go dea own land. Was small jalike one seed, an white, an gotta pick um up from da groun every day so da manna no goin come pilau if lef ova. Wen da peopo wen go inside dea own land, pau da manna.

messenja guy, angel guy: get peopo inside da sky dat not same like us guys. Dey go any place God tell um, an do wateva he send um fo do. English "angel."

Messiah: one Hebrew kine word dat mean "da one dey wen put oil on top him", cuz dass how dey wen show who goin be da nex king, o da nex head pries guy. Da Greek kine word "Christ" mean same ting – Da Spesho Guy God Wen Send. Da Jewish peopo wen know he suppose to show up, but dey neva know wat time. Dass why, wen Jesus wen show up, had peopo dat wen figga he da Spesho Guy God goin Send, an had odda peopo dat wen come huhu bout Jesus cuz dey figga, da Messiah guy gotta ack like one spesho king. English "Anointed One, Chosen One."

mint: one small plant wit leaf dat smell nice, an good fo put inside da food.

mustard: one bush dat can come big jalike one tree, but come from one small, small kine seed. Dey grind up da seeds fo make da kine mustard you put on top da food.

myrrh: da sap dat come out from one small tree an smell nice, so peopo use um fo make present. Dey use um fo medicine, an fo put on top da dead body befo dey bury um.

name: wat peopo call somebody. Inside da Bible, wen dey talk bout somebody's name, plenny times dey mean dat dey telling wat kine guy him. Wen somebody can use one nodda guys's name, dat mean he get da right fo do stuff fo him, cuz dey stay tight. Us guys can do plenny cuz we da Boss's peopo. Matthew 21:9, da peopo say dis bout Jesus: "He da guy dat come fo da Boss Above." English "in the name of the Lord, in Christ's name."

Nazaret: one small town Galilee side, inside da mountains. Jesus wen live dea small kid time, an dey wen call him "da Nazaret guy." English "Nazarene."

no eat so can pray: get times wen peopo gotta pray o tink bout God, dass why dey no eat. English "fast."

Noah: one guy from befo time, dat everytime do wat he suppose to an dat listen to God. So God tell Noah fo build one big boat, cuz dat time, da peopo was so bad dat God figga, he gotta make one flood fo wipe um all out. But Noah an his ohana was da ony peopo dat God neva wipe out, dat time.

Passova: wen God wen take da Jewish peopo outa Egypt befo time, da Egypt peopo neva like let um go. God wen send one angel messenja guy by da Egypt peopo, fo kill da oldes boy inside every house. But da angel guy wen pass ova da Jewish peopo's houses, cuz da peopo inside dea wen make sacrifice an put da blood on da top an da sides a da door post, jalike God wen tell um fo do. From dat, every year, March o April, da Jewish peopo make da "Passova time."

peopos, peopo dat not Jews: da Jewish peopo call everybody dat not Jewish "from da odda peopos." Dey know bout plenny odda peopos, but fo dem, ony matta da Jews an da oddas. English "Gentile."

Pharisee: Jewish peopo dat really wen like do wat da Rules from God say, da right way. But dey get plenny odda rules dat da teacha guys wen put on top da Rules from God, an dey tink dey gotta do all dat too.

Pilate: Pontius Pilate was da Governa from Rome, jalike one Territorial Governa. He in charge a Judea an Samaria an Idumea, da time dey wen kill Jesus.

pilau: wen peopo do bad kine tings, dey not okay inside, dass why dey no can pray to God. But da way da Jewish peopo wen figga, if you eat someting dat da Rules from God say not okay, dat make you so you no can pray, jalike you dirty inside. Jesus tell um, da bad kine stuff you get inside yoa heart, dass wat make you so you no can pray. Da kine stuff you put inside yoa mout fo eat, no make you so you no can pray. English "defiled, impure, unclean."

pray: talk to God. Jesus tell, us guys suppose to aks God fo give us wat we need, an we even suppose to aks him fo help da peopo dat agains us. English "pray."

punish: wen somebody do someting bad, God no like dat, an he make um suffa fo wat dey wen do. English "punish, cursed."

Rabbi: mean "my teacha", Hebrew language.

Res Day: fo da Jewish peopo, Saturday, day numba seven every week, stay spesho fo God. No can work da Res Day. English "Sabbath."

Rules from God: wen Matthew talk bout da Bible, he ony talking bout da Old Testament part from befo time, cuz neva have da New Testament part yet, till Matthew-dem wen write um. Dey call um "Da Rules from God" an "wat da guys dat wen talk fo God befo time wen say." English "Scripture, Law, Bible."

Sadducee: Jewish pries guys dat neva like wat da Bible say bout da spirits, an how da mahke guys goin come back alive, an odda stuffs from da Bible dat da Pharisee guys wen teach. Dey like da firs five books inside da Bible, but not da odda part. Had plenny Pharisee guys, but neva have plenny Sadducee guys.

Samaria: one place, wit Galilee one side an Judea da odda side.

Da Jewish peopo neva like da Samaria peopo, cuz dey ony like listen to da firs five books inside da Bible. English "Samaritan" mean "one Samaria guy."

shake an roll all ova: get peopo dat stay sick an get da fits lidat. English "epileptic."

sheep farma: da peopo dat get plenny sheeps an use um fo make sacrifice, an fo eat da meat, an make cloth outa da sheep hair. Had plenny sheep farma guys dat go wit da sheeps fo take care dem an fo take um wea dey find grass fo eat an water fo drink. English "shepherd."

skip food so can pray: get times wen peopo gotta pray o tink bout God, dass why dey no eat. English "fast."

sky: mo den da place up dea wea get da sun and da moon an da stars. Fo Jesus, mo importan da place wea God stay. An mo importan too, us guys goin go dea jalike Jesus. Get times wen Matthew talk bout "da sky" an he mean "da one dat stay inside da sky", dass God. English "heaven."

smart guy dat teach da Rules from God: guys dat know how fo teach da Rules from God from da Old Testament. Dey call da firs five books "Da Rules From God" – Genesis, Exodus, Leviticus, Numbas, an Deuteronomy. English "scribes, experts in the Law, teachers of the Law."

Sodom: one big town by da Dead Sea nea Gomorrah. Da peopo dea was so bad, God wen burn um up.

Solomon: da most smartes Jewish king, dat everytime know wat fo do. Jesus wen come from his blood line. David's boy.

Spesho Guy God Wen Send, God's Spesho Guy: dass what mean "Christ." Da Greek kine word mean "da one dey wen put oil on top him", cuz dass how da Jewish peopo wen show who goin be da nex king, o da nex head pries guy. Da Hebrew kine word "Messiah" mean same ting – Da Spesho Guy God Wen Send. Da Jewish peopo wen know dat one spesho guy lidat suppose to show up, but dey neva know wat time. Dass why, wen Jesus wen show up, had peopo dat wen figga he da Spesho Guy God goin Send, an had odda peopo dat wen come huhu bout Jesus cuz dey figga, da Christ guy gotta ack like one spesho king.

spirit, bad kine: get spirits dat nobody can see, but dey stay, an dey agains God. Dey like mess up peopo, an dey take um ova an make um do any kine. Jesus wen make dat bad kine spirits let da peopo go, an he teach his guys dat dey get power fo do jalike him. English "demon, devil, evil spirit."

spirit: everybody get one spirit inside dem, dat stay alive no matta da body mahke. Jesus wen say, "No scared da guys dat can make yoa body mahke, but no can make yoa spirit mahke. But you guys betta be scared God. He can make yoa body an yoa spirit mahke inside Hell." Matthew 10:28. God no goin mahke. He one spirit too, dat can take ova peopo an help dem. English "soul, spirit."

stay good inside: wen you doing wat you suppose to, an everyting stay okay fo you, den you can stay good inside. English "blessed, happy, joy, joyful, rejoice."

swea to God: get times, peopo like show dat wat dey say stay true, o dey like make one real strong kine promise. Dass why dey say, "I swea to God" o "I swea to God by da temple." Jalike dey asking God fo bus um up if dey bulai, o if dey no do wat dey wen promise. Jesus say, no need. English "swear, take an oath, vow."

take somebody outa da kine bad stuff dey do: Us guys was stuck. We wen do bad kine stuff, an we get shame fo dat. Jesus wen come hea fo take us outa da bad kine stuff we wen stay in. English "save, rescue, salvation."

talka fo God: befo Jesus, had guys like Isaiah, Jeremiah, Jonah, an Daniel dat wen tell da peopo wat God like um fo know bout da time den o da time bumbye. Afta Jesus, had church guys dat wen do same ting. Da peopo wen say bout John da Baptiza Guy an Jesus, dat dey talkas fo God too. English "prophet."

teach wit stories: Jesus wen teach popo wit stories bout how goin be wen God come King. English "parable."

tell God he good cuz he give us wat we need: God make peopo so dey can do wat he like um fo do. Da peopo can tell God, "Mahalo plenny fo dat!" English "bless God, thank God."

temple: da main place Jerusalem town wea da peopo wen go fo pray to God. Had pries guys dea dat wen help um make sacrifice. Had ony one temple, but had Jewish church all ova da place, every town.

throw out da shame: wen anybody do bad kine stuff, dey get shame from dat. Ony God can throw out dea shame. Matthew 26:28, Jesus say dis: 'Dey goin kill me, an my blood goin come out from my body. Dat goin help plenny peopo, so God can throw out dea shame fo all da kine bad stuff dey do.' English "forgive."

trus: Matthew tell wat Jesus say bout how gotta trus God, an how gotta be da kine guy dat odda peopo can trus cuz dey know you goin do wat you wen say you goin do. English "faith, trust, believe."

yeast: da stuff dey put inside da bread dough fo make um come mo big.

yoke: da big piece wood dat dey use fo make two oxes work togedda so dey can pull one plow o one wagon. Sit on top dea shoulder o tie um to da horn. Wen one teacha tell someting to da peopo he teaching, an dey gotta work fo learn um, can say "he put da yoke on top dem." Matthew 11:29, Jesus say, "Jalike da oxes get yoke on top dem fo pull da load, you guys put my yoke on top you, an go learn fo do wat I teaching you. Cuz my yoke stay easy an my load stay light."

Zion: one hill inside Jerusalem town. Get times wen dey call da town "Zion" too, from da hill. Dass wea da temple stay.